W0039570

Holger Stromberg
Anna Cavelius

ZUKUNFT
KOC
HEN

*Kreativ **kochen**, gesund **genießen**,
nichts verschwenden*

INHALT

REZEPT-ICONS

🌷   Frühlingsrezept

☀   Sommerrezept

🍂   Herbstrezept

✳   Winterrezept

VOR
WORT

Liebe Leserin, lieber Leser,

du machst dir Gedanken über den Zustand unseres Planeten? Du gehörst zu den Menschen, denen klar ist, dass es keine Version B von der Erde gibt, sondern nur diese eine Version A? Du willst deinen Beitrag leisten, damit die Natur sich wieder erholt von dem, was der Mensch ihr seit vielen Generationen antut? Du möchtest dich „planetengesund" ernähren, weil du weißt, dass das eine sehr effektive Maßnahme ist, um deinen ökologischen Fußabdruck ein gutes Stück zu verkleinern und damit das Klima zu schützen? Dann lass uns mit „Essen for Future" beginnen. In meinem Buch findest du gut 70 Rezepte, die planetengesund und auch für Kocheinsteiger easy zu bewältigen sind. Jedes Rezept ist ein kleiner Schritt in Richtung bessere Lebensqualität und gesünderes Klima. Je mehr von uns so kochen und genießen, desto mehr „Impact" hat das für die ganze Welt.

Die meisten sind hierzulande in der glücklichen Lage, im Überfluss zu leben. Alles, worauf wir Lust haben, können wir an (fast) allen Tagen der Woche genießen. Ist das aber die ganze Wahrheit? Leider nein. Denn zu der gehört, dass Ressourcen irgendwann aufgebraucht sind, dass andere Menschen hungern müssen und dass unser Planet an seine Grenzen stößt, weil das natürliche Gleichgewicht durch unsere Art der Ernährung erheblich gestört ist. Wir wissen seit Jahren – eigentlich schon seit Jahrzehnten –, wie sehr unsere Ernährungsweise die Klimakrise und das Artensterben anheizt. Alles, was auf unsere Teller kommt, hat eine Vorgeschichte: Erst wurde es angebaut und geerntet oder gezüchtet und geschlachtet, dann verpackt, manchmal mehrmals transportiert, häufig gekühlt, verarbeitet und/oder in deiner Küche weiterverarbeitet oder kurz in der Mikrowelle erhitzt. Wir wissen, dass dafür immer knapper werdende Ressourcen wie Boden und Wasser verbraucht werden und dass die Produktion und der Konsum von Lebensmitteln deshalb eine enorme Wirkung auf das Klima haben.

Versteh mich nicht falsch! Die Menschheit hat auch viele faszinierende Dinge entwickelt, ich bin nicht für ein Zurück in die Steinzeit. Ideal wäre der Mix aus gutem und bewährtem Alten und sinnvollem Neuen. Dazu bedarf es regelmäßiger kritischer Fragen: Was läuft gut? Was muss überholt werden? Wo sollten wir uns etwas Neues überlegen? Am besten sprechen wir darüber gemeinsam, hören uns zu, verdauen das Gesagte und verbessern.

Als Mensch, der sich schon in jungen Jahren mit Leib und Seele dem so viele Aspekte des Lebens umfassenden Thema Essen und Genießen verschrieben hat, lerne ich jeden Tag dazu, beobachte genau, was sich in der Lebensmittelszene tut, und bin im ständigen Austausch mit Expertinnen und Experten. Meine Küche hat sich genauso wie meine ganzheitlich orientierte Ernährungsphilosophie aufgrund dessen weiterentwickelt zu einer pflanzenbasierten Küche und einem naturschonenden Lebensmittelkonsum. Es ging gar nicht anders und so bin ich auch zum „Umbegeisterer" für andere geworden. Damit fühle ich mich nicht nur selbst besser und gesünder, sondern ich weiß auch, dass ich mit jeder Mahlzeit diese Erde nicht weiter schädige, die uns alle versorgt. Das wird durch viele beachtete Studien bestätigt. Da sich mittlerweile renommierte Wissenschaftler aus der ganzen Welt dem Thema Ernährung für eine planetengesunde Zukunft intensiv widmen, wissen wir genau, dass Klima- und Artenschutz auch eine Frage des guten Geschmacks ist.

Lass uns gemeinsam loslegen! Wenn du gerne kochst, auch mal Neues und Ungewohntes ausprobierst und dabei von Tag zu Tag besser wirst, besitzt du die Kernkompetenz, um klimafreundlich zu essen. Ich habe dir auf den nächsten Seiten jede Menge Tipps zusammengestellt, wie du deinen ökologischen Fußabdruck jeden Tag kleiner halten kannst. Danach findest du Rezepte mit einer niedrigen CO_2-Bilanz, die schon beim Anschauen Lust machen zum Nachkochen und an denen auch jede Einsteigerin und jeder Einsteiger Spaß haben wird.

Ich freue mich, dass du mit dabei bist bei unserem Projekt. Du bist stark, weil du die Welt positiv verändern willst – und gemeinsam sind wir noch stärker!

Dein Holger Stromberg

MEIN WEG ZUR KLIMA- FREUNDLICHEN ERNÄHRUNG

Das Buch ist entstanden, weil ich in diesen un-ruhigen Zeiten etwas Ruhe in die Kochtöpfe beziehungsweise in die Diskussionen über „Klima und Ernährung" bringen möchte. Jeder Mensch, der sich darüber Gedanken macht, fühlt sich hier gefordert und nicht selten auch überfordert. Mir ist es ein Herzensanliegen, dass aus einer solchen Ratlosigkeit kein frustriertes „dann eben weiter so" entsteht, sondern im Gegenteil eine klimabewegte kulinarische Aufbruchstimmung – so wie bei der Entwicklung der Nouvelle Cuisine. Diese hat uns einst von fiesen dicken Saucen und verkochtem Gemüse befreit und den Weg zu neuen Genüssen bereitet. Ein ähnlicher, allerdings existenziell not-wendigerer Wandel steht jetzt erneut an.

Begeisterung ist ein zentrales Thema in meinem Leben. Ich begeistere mich, seit ich denken kann, für das Leben im Großen und im Kleinen, für das Erfassen des Lebens mit allen Sinnen. Kochen und Essen gehören von Anfang an wie selbstverständ-lich dazu. Mein großes Glück war, dass ich als Enkelkind und Sohn einer Familie, die schon seit 150 Jahren in der Gastronomie Maßstäbe gesetzt hat, meinen Geschmack entwickeln durfte, noch bevor ich richtig sprechen lernte. Essen mit Ge-schmack und der wesentliche Schritt davor, ohne den es ein echtes Geschmackserlebnis ja nicht gäbe – das Kochen –, bedeuten für mich immer perfekte Harmonie und wahre Glückseligkeit.

Kochen war in meiner Familie das Handwerk, das die Angehörigen nährte und die Gäste glücklich machte, und aus dem Handwerk entwickelte jedes Familienmitglied am Herd seine eigene Kunst.

Meine Oma beispielsweise kochte und backte all ihre Gerichte mit einer so unvergesslichen, herz-lichen Wärme, die man immer mitschmeckte. Mein Vater avancierte aufgrund seiner Fertigkeiten zum erfolgreichen Meisterkoch und brachte in unserem Gasthaus unzählige Zungen zum Schnalzen. Die Begeisterung für das Kochen und Genießen wurde mir also in die Wiege gelegt und ich konnte gar nicht anders, als selbst auch den Weg zum Koch zu beschreiten. So bin ich in die Welt hinausgezogen, habe bei herausragenden Lehrmeistern mein soli-des Handwerk gelernt, meinen eigenen Weg zur Meisterklasse eingeschlagen und schließlich auch nach den Sternen gegriffen.

VOM KOCH ZUM COACH
Produkte von ausgesuchter Qualität, auf den Punkt gebrachter Geschmack, kochen und Gäste emp-fangen, begeistern und inspirieren, das war viele Jahre meine Berufung. Bis die nächsten Meister mich riefen und ich mit einer neuen Aufgabe be-traut wurde: kochen für (damals noch zukünftige) Weltmeister. Das hieß in meinem Fall, Weltklasse-fußballer so zu ernähren, dass sie jederzeit eine Topleistung auf dem Platz abrufen können. Heute weiß man schon wesentlich mehr, damals betraten wir noch Neuland mit der Konzeption einer sport-lergerechten Ernährung. Dass Essen aber noch mehr kann, als Finesse auf die Teller zu bringen und körperliche wie geistige Topleistungen zu fördern, durfte ich schließlich am eigenen Leib erfahren. Allerdings auf die schmerzhafte Art und Weise. Eine Ernährungsumstellung in Kombination mit der Ver-besserung meiner Work-Life-Balance rettete mich vor den Folgen eines Burn-outs und chronischer Schmerzen. Das war mehr als nur ein gutes Gefühl: Ich hatte gelernt, dass Ernährung heilen kann.

VOM COACH ZUM KLIMASCHÜTZER
Heute denke ich als Unternehmer, Koch und Er-nährungscoach über weitere Lösungen nach, bei denen Essen und Trinken zentrale Themen sind. Das betrifft geschmackliche, kochtechnische und all-tägliche Fragen, aber vor allem reizen mich dabei die großen Herausforderungen. Eine der größten besteht darin, unsere Ernährungsweise weltweit so zu verändern, dass sie die Menschen gesund erhält und gleichzeitig an die Bedürfnisse des Planeten angepasst ist, der unser Überleben auf der Erde sichert. Denn eines ist klar, der jetzige Ernährungs-

plan der Menschen in den Wohlstandsländern mit viel Fleisch und Milchprodukten bleibt der Welt sprichwörtlich im Halse stecken.

Also frage ich mich: Wie kann beispielsweise ein effizientes betriebliches Gesundheitsmanagement durch einen Wandel in den jeweiligen Kantinen und Großverpflegungseinrichtungen gelingen? Wie kann man mit guten Beispielen – wie der Einrichtung von Kreislaufwirtschaft – unser Ernährungssystem positiv beeinflussen, sodass „from farm to fork" (deutsch: vom Hof auf den Teller; siehe unten) mehr als nur ein guter Plan ist? Wie kann jeder von uns etwas durch eine Änderung und Verbesserung seiner Ernährungsgewohnheiten zugunsten der Verringerung des CO_2-Ausstoßes tun? Und natürlich: Wie kann ich, wie können wir so viele Menschen wie möglich für diese fantastische Art der Ernährung begeistern?

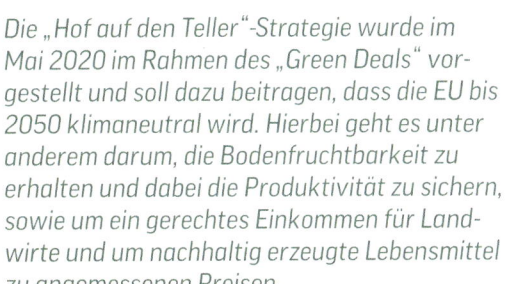

Farm-to-Fork-Strategie der EU

Die „Hof auf den Teller"-Strategie wurde im Mai 2020 im Rahmen des „Green Deals" vorgestellt und soll dazu beitragen, dass die EU bis 2050 klimaneutral wird. Hierbei geht es unter anderem darum, die Bodenfruchtbarkeit zu erhalten und dabei die Produktivität zu sichern, sowie um ein gerechtes Einkommen für Landwirte und um nachhaltig erzeugte Lebensmittel zu angemessenen Preisen.

Bestätigt wurde ich in meinen Überlegungen und Plänen durch die *EAT-Lancet-Kommission* mit Wissenschaftlern aus 16 Ländern. Sie haben vor einigen Jahren damit begonnen zu untersuchen, wie weltweit eine gesunde Ernährung und nachhaltige Lebensmittelproduktion möglich sind. 2019 war es dann soweit. Die Kommission gab einen Bericht mit der sogenannten *Planetary Health Diet* heraus. Dazu haben Fachleute aus den Sparten Gesundheit, Landwirtschaft, Politik und Ökologie evidenzbasierte, weltweite Ziele benannt, die den Verbrauch und die Herstellung von Lebensmitteln betreffen. Auf diese Weise sollen die *UN Sustainable Development Goals* wie auch die im Pariser Klimaabkommen festgelegten Ziele erreicht werden. Diese Empfehlungen habe ich nochmals leicht

angepasst, beispielsweise die Menge an Milchprodukten leicht reduziert. Sie liegen auch den Rezepten im Buch zugrunde (ab Seite 32).

„Mitzuhelfen, kleine und große schmackhafte (klima-)gesunde Lösungen zu kreieren – das treibt mich Tag für Tag an. So fange ich jeden Morgen im ganz Kleinen immer wieder von Neuem bei mir selbst an."

NEIN ZU „NACH UNS DIE SINTFLUT"

Klar ist, jeder von uns entscheidet mit seiner Wahl in Sachen Essen eine ganze Menge. Es geht um mehr als nur das Buttercroissant mit Milchkaffee zum Frühstück oder einen Smoothie mit Ananas oder die Tofupfanne zum Abendessen. Jede Wahl hat ihre Konsequenz, denn jedes Lebensmittel, jedes Essen, jedes Getränk hat seinen CO_2-Fußabdruck (siehe Seiten 17 bis 19). Das geht uns natürlich auch so, wenn wir auswärts essen – egal ob in Kantine, Café oder Restaurant. Leider sind die weitaus überwiegenden gastronomischen Angebote in Europa extrem altmodisch und damit sehr „tierlastig". Dabei ist die Nachfrage nach guten vegetarischen und veganen Speisen ja vorhanden. Nur, wer soll sie zubereiten? Hier stellt sich ein anderes Problem: Die gastronomische Ausbildung hinkt dem Bedarf nach einer modernen, pflanzenbasierten Küche um Jahrzehnte hinterher. Hoch qualifizierte, in die Zukunft ausgerich-tete Kochakademien fehlen. Die Ausbildung zum Koch ist teilweise veraltet, das Handwerk erfährt zu wenig Wertschätzung, Zukunftsperspektiven sind unzureichend. So geht das einstige Bindeglied zwi-schen Landwirtschaft und Verbraucher, nämlich die Köchin, der Metzger, die Bäckerin – also das Lebensmittelhandwerk – mit dem Verfall der Preise für gute, hochwertige Lebensmittel langsam aber sicher über Bord. Ausnahmen bestätigen zum Glück die Regel – es gibt auch eine Reihe von interessanten zukunftsweisenden Gastrokonzepten. Dabei kommt gerade diesen Lebensmittelkünstlern genauso wie übrigens der Gastronomie eine wichtige Rolle bei der Ernährung der Zukunft zu. Was es jetzt braucht, sind gemeinsame Kraftanstrengungen, damit diese Fachleute Trends setzen und Antworten auf drängende Ernährungsfragen bieten, vor allem hinsichtlich der Auswirkungen auf unseren Planeten und alle Beteiligten innerhalb der Produktionsketten. Lass es uns deshalb gemeinsam anpacken – die Zukunft wartet nicht auf uns!

FÜR EIN MORGEN ESSEN

Schwankungen im Klima hat unser Planet in seiner langen Geschichte schon einige erlebt. Nur sind die heutigen Klimaturbulenzen von Menschen gemacht, und der Klimawandel findet in einem so schnellen Tempo statt, dass viele Pflanzen und Tiere aussterben, weil sie die Folgen der extremen Veränderungen schlicht nicht überleben. Dabei ist die Auswahl dessen, was wir essen und wie wir es verarbeiten sowie entsorgen, einer der Haupt-klimaschädlinge. Auf der anderen Seite können wir genau an diesem Ernährungs-Hebel effektiv ansetzen: Wir sollten zum Beispiel damit aufhören, mehr zu verbrauchen, als in der Natur nachwachsen kann. Dieser Vorsatz funktioniert, wenn wir „für ein Morgen essen" lernen.

Denken wir über Klimaschutz nach, fällt den meisten von uns als Erstes die Industrie ein mit der Verbrennung von Kohle, Erdöl, Gas und Diesel. Dabei entsteht Kohlendioxid (CO_2), eines der klimaschädlichen Treibhausgase (siehe rechts). Der daraus resultierende Treibhauseffekt ist bis zu einem gewissen Maß normal – ohne ihn wäre die Erde gefroren und es gäbe kein Leben auf ihr. Nur haben wir Menschen in den vergangenen gut 100 Jahren durch unsere Art, zu leben und zu produzieren, die Treibhausgase dermaßen erhöht, dass wir jetzt eine gefährliche Klimaerwärmung erleben.

„Was wir heute tun, entscheidet darüber, wie die Welt morgen aussieht."

Marie von Ebner-Eschenbach

Treibhausgase auf einen Blick

Kohlendioxid entsteht unter anderem bei der Verbrennung von Kohle, Erdöl und Erdgas und macht den größten Teil des vom Menschen zusätzlich verursachten Treibhauseffekts aus. Quellen sind vor allem Haushalte und Kleinverbraucher, der Verkehr, die Strom- und Wärmeerzeugung und die industrielle Produktion. CO_2 wird nur sehr langsam abgebaut. Nach tausend Jahren sind davon noch etwa 15 bis 40 Prozent in der Atmosphäre übrig. Der gesamte Abbau dauert jedoch mehrere hunderttausend Jahre.

Neben CO_2 zählen noch andere Verbindungen zu den Treibhausgasen, wie zum Beispiel Methan (bekannt vor allem aus der Massentierhaltung), Stickstoffmonoxid bzw. Lachgas (entsteht aus Düngemitteln und Kunststoffindustrie) sowie die als FCKW bekannten fluorierten Kohlenwasserstoffe (als Treibgas, Kühl- oder Löschmittel). In den meisten Berechnungen werden sie in CO_2-Äquivalente umgerechnet und finden so beim CO_2-Fußabdruck ebenfalls Berücksichtigung.

WAS BEDEUTET „CO_2-FUSSABDRUCK"?

Der Begriff stammt vom englischen „Carbon Footprint" und steht für nichts anderes als für die Treibhausgasbilanz. Mit diesem Wert misst man für jede Aktivität und jedes Produkt in CO_2-Äquivalenten (CO_2-eq), wie viele Emissionen an Kohlenstoffdioxid (CO_2) oder anderen Treibhausgasen wie Methan oder Stickstoffmonoxid sie oder er verursacht. So lässt sich nicht nur ausrechnen, wie groß der CO_2-Fußabdruck von Lebensmitteln, sondern auch von einzelnen Menschen oder sogar von ganzen Ländern ist. Im internationalen Vergleich fallen der und die Durchschnittsdeutsche durch einen sehr großen CO_2-Fußabdruck auf: Laut der Umweltorganisation Greenpeace emittieren wir derzeit 12,9 Tonnen CO_2-eq, die Chinesen 7 Tonnen, ein Bürger von Katar 30 Tonnen.

Gut zu wissen: Neben dem CO_2-Fußabdruck gibt es in der Literatur noch andere Footprint-Kategorien, die den Fokus auf weitere kritische Ressourcen richten. Ein Beispiel ist der Flächen-Fußabdruck, der für das jeweilige Lebensmittel angibt, welche vollständig versiegelten Flächen ein Jahr lang belegt werden. Betrachtet man alle Aspekte gemeinsam, ergibt sich ein allgemeiner sogenannter ökologischer Fußabdruck.

CO₂-Footprint-Rechner

Im Internet findest du jede Menge Rechner, die dabei helfen, den persönlichen Fußabdruck einzuschätzen. Dazu gehört zum Beispiel der CO₂-Rechner des Umweltbundesamts (siehe Seite 174). Sie alle verarbeiten Daten zu Haushaltsführung, Verkehr, Mobilität, Freizeitbeschäftigung oder Ernährung – je mehr abgefragt wird, umso genauer fällt das Ergebnis aus. Deinen errechneten CO₂-Fußabdruck kannst du dann mit dem Durchschnittsverbrauch in Deutschland und dem Soll-Wert vergleichen.

DER ANTEIL VON LEBENSMITTELN

In Deutschland gehen mehr als 10 Prozent der CO₂-Emissionen auf das Ernährungssystem zurück, laut Weltklimarat (IPCC) sind es weltweit zwischen 21 und 37 Prozent der gesamten Treibhausgasesmissionen. Die Produktion von Rindfleisch, die erhebliche CO₂-Emissionen verursacht, gefolgt von Schweinefleisch und Geflügel, aber auch die von Wildbret und Fisch lässt die Treibhausbilanz nach oben schnellen. Genauso hinterlassen Milch, Butter, Sahne oder Käse einen riesigen CO₂-Fußabdruck. Abgesehen von einer massiven Treibhausgassteigerung durch exzessive Viehzucht wie auch die Erzeugung tierischer Produkte, belasten uns die Dimensionen der bei der Haltung anfallenden „Nutz-"Tier-Ausscheidungen sowie der Einsatz von Antibiotika extrem. Nicht zu vergessen sind dabei kritische Agrarstandards wie der starke Chemikalieneintrag beim Anbau von Obst und Gemüse oder die Einlagerung der Frischgemüse in mit „schmutziger Energie" betriebene Kühlräume für den ganzjährigen Verkauf. Ebenso schaden uns die weiten Transportwege, damit Lieblingsgemüse von Januar bis Dezember in den Supermarktregalen erhältlich sind. Genauso kommt es zu extrem langen Liefer- und Produktionsketten, wenn wir jede Art von Lebensmittel – wie Lamm aus Neuseeland, Trauben aus Chile oder Spargel aus Peru – zu uns

bringen. So viele Jahre wussten wir es eben nicht besser! Aber ist es nicht im Grunde total langweilig, sich völlig von den Jahreszeiten zu entkoppeln und Tag für Tag Tomaten, Trauben und Zucchini vom Supermarkt heimzutragen? Stell dich lieber mal der Ökokisten-Challenge – meine Rezepte sollen dir dabei helfen!

WERDE ZUM „UMBEGEISTERER"

Fakt ist: Wir alle müssen unsere CO₂-Fußabdrücke massiv verkleinern. Die Politik hat sich auf das sogenannte „2-Grad-Ziel" geeinigt. Demnach soll die weltweite Erwärmung gegenüber den Werten zu der Zeit vor der Industrialisierung nur maximal um 1,5 bis 2 Grad steigen. Das geht nur, wenn die CO₂-Emissionen der Industrieländer bis zum Jahr 2050 um 80 bis 95 Prozent sinken. Doch was können wir im Alltag tun? Bei der Flugbuchung schnell auf den Button mit der Spende fürs Klima drücken? Den Pkw verkaufen, öffentliche Verkehrsmittel, Rad und Carsharing-Angebote nutzen? Tatsächlich gibt es vielfältige Möglichkeiten, um seinen eigenen CO₂-Fußabdruck zu verkleinern.

In diesem Punkt setze ich den Schwerpunkt auf die Lebensmittel, denn eine Veränderung der Ernährung tut uns und unserem Planeten gut. Wer klimafreundlich und nachhaltig leben will, kann, aber muss dafür nicht von jetzt auf gleich zum Vegetarier werden. Allerdings funktioniert eine „Umbegeisterung" zu dauerhaft mehr und mehr pflanzlichen und weniger tierischen Nahrungsmitteln meist gut – und wirkt nachhaltig.

Die größten Food-Klimaschädlinge

Die Produktion von 1 Kilo Rindfleisch verursacht gut 13 Kilogramm CO₂-eq. Dies entspricht zur besseren Einschätzung etwa 45 km Autofahrt mit einem Diesel-Pkw, mit einem Durchschnittsverbrauch von 7 Litern auf 100 Kilometern.
Der Transport durch die Luft ist besonders klimaschädlich: Er verursacht je Tonne Lebensmittel und Kilometer bis zu 90-mal mehr Treibhausgase als der Hochseeschifftransport, und rund 15-mal mehr als Transporte per Lkw.
Produkte aus konventionellem Treibhausanbau schädigen die Umwelt bis zu 30-mal mehr mit schädlichem CO₂ als Freilandgemüse.

MEIN PLANETEN-GESUNDER SPEISEPLAN

Die EAT-Lancet-Kommission schlägt mit ihrer Planetary Health Diet (siehe Seite 7) eine Ernährungsweise vor, mit der du die Gesundheit des Menschen und der Erde gleichermaßen schützen kannst. Im Kern müsste jeder von uns den Konsum von Obst und Gemüse, Hülsenfrüchten und Nüssen ungefähr verdoppeln, dafür nur halb so viel Fleisch und Zucker essen.

Daneben müssten die Lebensmittelproduktion verbessert und Lebensmittelabfälle reduziert werden. Daraus wurde ein Diagramm entwickelt, das die Mengen (in Gramm) der verschiedenen Lebensmittelgruppen für einen Tag mit etwa 2500 Kilokalorien zeigt. Einige Mengen habe ich nochmals angepasst. Aber so kannst du besser essen, gesund bleiben und die Erde schützen.

EMPFEHLUNGEN FÜR EINE GESUNDE UND UMWELTGERECHTE ERNÄHRUNG

LEBENSMITTELGRUPPE (Nummer im Diagramm links)	EMPFEHLUNG PRO TAG (mögliche Spannbreite)	ENTSPRICHT ... ODER FINDEST DU IN ...
KOHLENHYDRATE		
Vollkornprodukte (aus Reis, Weizen, Mais oder anderen) 4	232 Gramm	
Stärkehaltiges Gemüse (Kartoffeln, Maniok) 13	50 Gramm (0–100 Gramm)	z. B. Möhren, Roten Beten, Pastinaken, Mais, Kartoffeln
Gemüse 1	300 Gramm (200–600 Gramm)	
Obst 2	200 Gramm (100–300 Gramm)	
PROTEINQUELLEN		
Rotes Fleisch (Rind, Kalb, Lamm, Schwein) 5	13 Gramm (0–28 Gramm)	1 Fleischportion (ca. 100 g) pro Woche
Geflügel 8	29 Gramm (0–58 Gramm)	1 Hähnchen- oder Putenbrustfilet pro Woche
Eier 6	13 Gramm (0–25 Gramm)	1 Ei pro Woche, Biohaltung
Fisch 9	28 Gramm (0–100 Gramm)	1 Fischportion (ca. 200 g) pro Woche; WWF-Fischratgeber
Hülsenfrüchte 11	75–100 Gramm (0–100 Gramm)	z. B. Tofu, Bohnen, Linsen, Kichererbsen, Lupinen
Nüsse 12	50–100 Gramm (0–75 Gramm)	2 Handvoll Nüsse pro Tag
Milchprodukte (Vollmilch oder aus dieser Menge hergestellte Produkte) 3	100 Milliliter (0–500 Milliliter)	100 ml Milch oder 1 kleine Scheibe Käse pro Tag
FETTE		
Ungesättigte Fette 10	40 Gramm (20–80 Gramm)	z. B. Oliven-, Lein-, Nuss- oder Rapsöl
Gesättigte Fette 0	11,8 Gramm (0–11,8 Gramm)	z. B. fette Milchprodukte oder Fleisch
ZUGESETZTER ZUCKER		
Zucker (alle Süßungsmittel) 7	31 Gramm (0–31 Gramm)	z. B. Dattelsirup oder regionaler Bio-Rübenzucker

DAS IST JETZT DRAN

Besser essen ohne großen Aufwand und so zur Inspiration für andere werden, das geht. Denn gutes Essen schmeckt und macht Freude. Werde auch zum „Umbegeisterer", indem du in deiner Küche zum/zur Klimaschützer/in wirst und anderen vormachst, wie lecker eine planetengesunde Küche ist. Das sind meine zentralen Anregungen, wie du jeden Tag etwas dazu beitragen kannst. Es liegt auch in deiner Hand!

1 KOCHE MEHR UND MÖGLICHST SELBST

▶ Jedes konventionell hergestellte Fertiggericht sammelt auf seinem Weg vom Feld bis auf den Teller eine Menge Treibhausgase. Dabei lässt sich der Energieverbrauch für die verschiedenen Herstellungs- und Verarbeitungsprozesse, die Transportwege und die Verpackung weitgehend vermeiden. Das geschieht beispielsweise bei sogenannten Clean-Convenience-Produkten, also klimafreundlich hergestellten Fertiggerichten in Mehrwegverpackungen. Auf der sichersten Seite bist du natürlich, wenn du selbst kochst: Du kannst bewusst Lebensmittel mit niedrigem CO_2-Fußabdruck kaufen, möglichst schonend zubereiten und vollständig verwerten. Dann hast du allein im Griff, was in deinem Essen steckt.

2 FLEISCH UND FISCH – NIMM WENIGER

▶ Meine Empfehlung für eine planetengesunde Küche bedeutet, dass du dich zu 85 Prozent von Pflanzen und höchstens (!) zu 15 Prozent von Lebensmitteln aus tierischen Quellen ernährst. Warum? Die Herstellung von 1 Kilo Rindfleisch verursacht laut der Umweltorganisation Greenpeace 13,3 Kilo CO_2. Dagegen wird bei der Produktion von 1 Kilo Gemüse durchschnittlich nur 150 g Treibhausgas freigesetzt. Auch Obst hat mit weniger als 500 Gramm CO_2 je geerntetem Kilo eine bessere Bilanz. Je seltener du Fleisch oder Wurst isst, umso mehr schonst du das Klima und tust dadurch etwas für unser aller Gesundheit und zudem für deine Gesundheit. Das ist wissenschaftlich eindeutig bewiesen, also Fakt. Ersetze Fleisch durch pflanzliche Eiweißträger (das ist recht einfach möglich, siehe Seiten 24 bis 25).

Wenn du aber hin und wieder Fleisch genießen möchtest, achte genau darauf, woher es kommt. Verwende am besten nur Fleisch von Weide- und Wildtieren, die aus ökologischer Landwirtschaft stammen. Probiere vom Fleisch auch ruhig einmal weniger edle Teile aus, wie Innereien, Nase oder Ringelschwanz. Ein Tier besteht aus mehr als Hack und Filet! Viele zukunftsorientierte Köche haben sich der sogenannten „Nose to tail"-Bewegung angeschlossen, die alle Teile vom Tier verwerten.

Auch bei Fisch ist Zurückhaltung angesagt. Je nach Herkunft und Fangmethode variiert der ökologische Fußabdruck von Fisch sehr stark. Informiere dich am besten bei vertrauenswürdigen Umweltorganisationen, was hier sinnvoll ist. Mein Tipp: Probiere Algen oder Fisch aus verbrauchernahen Farmen mit geschlossenen ökologischen Systemen – vor allem diese pflanzlichen Meeresprodukte belasten das Klima deutlich geringer.

Auf der sicheren Seite

Wenn du den Anteil aus frischen, unbelasteten, essbaren Pflanzen in deiner Ernährung erhöhst, gibt es auch gleichzeitig mehr gesunde Ballaststoffe, ungesättigte Fettsäuren und die Gesundheit schützenden sekundären Pflanzenstoffe frei Haus. Ersetzt du mehr und mehr oder aber auch vollständig tierische Eiweißträger durch pflanzliche, also Hülsenfrüchte und Getreide, bist du bei einer pflanzenbetonten Ernährung auch in Sachen Gesundheit auf der sichereren Seite.

3 REDUZIERE MILCHPRODUKTE

▶ Milch, Butter, Joghurt, Quark, Käse, Sahne, Milchspeiseeis und viele andere Milchprodukte solltest du nur zu dir nehmen, wenn sie dir wirklich spürbaren Genuss bringen oder du großes ehrliches Verlangen danach verspürst! Achte auch zukünftig darauf, in welchen Snacks, Fertigprodukten und Co. überall Milch verarbeitet ist. Ein/e Milcheiweiß-Allergiker/in kann ein Lied davon singen. Aber auch ohne eine Allergie oder Laktose-Unverträglichkeit ist es verrückt, in wie vielen Nahrungsmitteln Milch oder Milchbestandteile „verbaut" sind.

Ich selbst hätte es vor 15 Jahren nicht für möglich gehalten, dass man auch ohne Sahne zauberhaft cremige Saucen zubereiten kann. Oder, dass es einen Blauschimmel-„Kese" ohne Milch geben würde, der genauso lecker ist wie ein Gorgonzola Dolce. Warum also das eine tun und das andere nicht lassen? So fing ich an zu reduzieren – auf ein Maß, das gut für mich, gut für die Tiere und die Natur ist. Der durchschnittliche Jahresgesamtkonsum von Milchprodukten in meiner Ernährung liegt aktuell bei unter 5 Prozent.

4 KAUF DEINE LEBENSMITTEL REGIONAL

▶ Kaufst du Lebensmittel aus der Region, machst du sehr viel richtig: Kurze Transportwege schonen das Klima, der Kauf kommt den Landwirten und Händlern aus der Region zugute. Energie und Treibhausgase werden eingespart, außerdem bedeutet weniger Verkehrsaufkommen auch weniger Lärm und Feinstaub. Schließlich schützt und förderst du heimische Arbeitsplätze und sparst Verpackungsmaterial. Wenn du direkt beim Erzeuger einkaufst, kannst du dich sogar selbst davon überzeugen, wo und wie Obst und Gemüse wachsen. Die Website www.datenbank.regionalfenster.de gibt Aufschluss über die Herkunft von 4000 regionalen Produkten. Mittlerweile haben regionale Landwirte auch Quinoa, Ingwer, Kurkuma, Chili sowie weitere ursprünglich exotische Speisepflanzen kultiviert. Wie die Kartoffel oder auch die Tomate kommen diese jetzt auch „von hier".

Wichtig: Bei aller Regionalität ist entscheidend, dass neben saisonalen Freilandgewächsen, Gemüse und Obst aus Gewächshäusern stammen, die – wenn nötig – mit grüner Energie beheizt und bei deren Anbau natürlicher Dünger verwendet sowie biologischer Pflanzenschutz betrieben werden. Denn Gemüse aus beheizten Folientunneln oder Geflügel aus Massentierhaltung können zwar regional sein, halten jedoch keinen Kriterien für Nachhaltigkeit stand.

Transport kostet Klima

CO_2

Die Lieferung von Gemüse und Obst per Flugzeug ist besonders klimaschädlich. Kaufst du 1 Kilo grünen Spargel aus Peru, zahlst du heftig auf dein Klimakonto-Soll ein: Bei dem mehr als 10 000 km langen Flugtransport von Lima nach Frankfurt entstehen rund 30 000 g Treibhausgase. Kommt der Spargel per Lkw aus der Region, macht das bei einer Strecke von 100 km gerade mal 19 g Treibhausgase pro Kilo. Meist ist ein Hinweis auf Flugware am Etikett zu finden.

5 NIMM LEBENSMITTEL, DIE SAISON HABEN

▶ Frische Früchte von Baum, Strauch und Feld, die reif geerntet werden, schmecken und enthalten viele gesunde Nährstoffe. Produkte, die aus einem mit Energie aus fossilen Brennstoffen beheiztem Gewächshaus stammen, schädigen die Umwelt bis zu 30-mal mehr mit CO_2 als Gemüse und Obst aus dem Freiland. Zu Freilandware gehören alle Obst- und Gemüsesorten, die auch in Folientunneln oder in unbeheizten Gewächshäusern produziert werden. Auch Konserven und Tiefkühlgemüse verursachen deutlich mehr Treibhausgase, wenn diese dann zusätzlich eine weite Anreise haben, ist das nicht gut. Wenn du ein Abo für die sogenannte Bio- oder Ökokiste abschließt, musst du gar nicht mehr lang überlegen: In der Kiste liegt ohnehin nur, was Saison hat.

6 BESSER BIO? KOMMT DRAUF AN!

▶ Es hört sich vielleicht seltsam an: Aber heimisches Obst und Gemüse aus ökologischem Anbau hat aus Klimaschutzsicht durch eine höhere Flächenbelegung oft einen größeren CO_2-Fußabdruck. Trotzdem solltest du aus Umwelt- und Gesundheitsgründen eher zu Bio-Ware greifen, denn sie enthält keine bis sehr wenige Rückstände von Pflanzenschutzmitteln oder anderen Chemikalien. Organische Düngemittel helfen dabei, dass die Böden mehr Kohlenstoff speichern und lange fruchtbar bleiben. Bio-Bauern liegt aus Überzeugung der Schutz der Natur und das Tierwohl am Herzen. Bei importierter Ware informiere dich möglichst genau, woher sie kommt und wie sie biozertifiziert ist.

Wichtig: Aus diversen Gründen ist eine Bio-Zertifizierung bei manchen Lebensmitteln nicht möglich. Das ist der Fall bei hochmodernen, geschlossenen Anbausystemen (z. B. Urban Farming), die extrem nachhaltig produzierte Lebensmittel hervorbringen und die Natur schonen. Sie dürfen jedoch kein Bio-Siegel tragen, auch wenn die Qualität absolut rein ist.

Kreislaufwirtschaft

Ob im Freien oder indoor – eine Kreislaufwirtschaft richtet sich nach Mutter Erde. Lineare Stoff- und auch Lebensmittelströme sollen und müssen dagegen schnellstmöglich ein Ende haben. Ob Permakultur oder Farm-Konzepte, die natürliche Ökosysteme nutzen oder innovative Kreisläufe zur Lebensmittelproduktion kreieren – sie alle tragen zur Erreichung der gesteckten Klimaziele bei (z. B. organicgarden.de).

7 ESSEN DARF NICHT IN DEN MÜLL

▶ Jedes Lebensmittel wächst oder muss erzeugt, transportiert, eingekauft und zubereitet werden. Laut den Verbraucherzentralen landen in Deutschland pro Jahr etwa 6 Mio. Tonnen Lebensmittel im Müll – das sind pro Bundesbürger 75 Kilo und entspricht einem Wert von ungefähr 190 Euro. Die meisten Ursachen für die Lebensmittelabfälle liegen in der Haushaltsführung. Deshalb: Warenkorb zusammenstellen, Einkauf planen und Lebensmittel richtig lagern. Gehe nicht per se nach dem „Mindesthaltbarkeitsdatum", sondern prüfe mit Augen, Nase und Mund, ob ein Lebensmittel noch genießbar ist.

Ideen, was du mit vermeintlichen Resten von Gemüse, Obst & Co. noch zaubern kannst, findest du auf den Seiten zum Thema „No Food Waste" (siehe Seiten 56, 96 und 140). Zudem gibt es noch viele Apps und Kochbücher, die dir hier Hilfestellung leisten.

„Kompromisslosigkeit führt meist zu sozialer Distanz – zum Erreichen der Nachhaltigkeitsziele ist allerdings Teamwork entscheidend."

8 VERPACKUNGEN VERMEIDEN

▶ Wenn du Lebensmittel ohne Barcode kaufst, kommst du auch mit weniger Müll nach Hause. Nimm zum Einkauf deine eigenen Gemüse- und Brotbeutel, Gläser oder Vorratsdosen mit. Sinnvoll ist bei Produkten, die du oft benötigst, auch eine Großpackung. Ein schwieriges Thema ist Glas: Pfandgläser schneiden klimatechnisch besser ab als Einwegflaschen, am ökologisch günstigsten sind laut Studien des ifeu-Instituts in Heidelberg allerdings leichte PET-Mehrwegflaschen aus regionaler Abfüllung.

Tipp: Ganz einfach geht das in speziellen Unverpackt-Läden, die bieten Nudeln, Reis, Hülsenfrüchte, Kaffee, Süßwaren, Seife oder Waschmittel und viel mehr komplett verpackungsfrei an. Zugegeben: Ich kaufe noch nicht zum überwiegenden Teil „unverpackt" ein, mache mir aber keinen Stress, denn es gibt viele Möglichkeiten, seinen ökologischen Fußabdruck zu reduzieren. Ich lebe nach der Überzeugung, dass viele Menschen in Summe mehr bewegen. Also lasst uns alle gegenseitig zum Handeln anstecken, um mehr und mehr Verpackungsmaterial zu reduzieren.

9 TRINK WASSER AUS DEM HAHN

▶ Spar dir das Kistenschleppen, schone deine Bandscheiben, reduziere Plastikverpackungen von Flaschen und auch den Verkehr von Getränkelastern. Wenn du Bedenken hast, installiere einen möglichst nachhaltigen Wasserfilter. Wenn du auf Kohlensäure stehst, dann schaffe dir einen Wassersprudler an. 1 Liter Leitungswasser verursacht weniger als 0,5 Gramm CO_2. Mit Mineralwasser aus der Flasche kommst du, je nachdem, wie es verpackt ist und woher es kommt, auf ein Vielhundertfaches.

Geräte, die die Welt nicht braucht

Es gibt mittlerweile zahlreiche Gerätschaften für die Küche, die viel Energie, Geld und Ressourcen verschwenden und am Ende den Berg an Elektroschrott vergrößern. Einige davon sind darüber hinaus noch umweltschädlich. Musterbeispiel ist die Mikrowelle. Eine Studie aus dem Jahr 2018 hat gezeigt, dass die in der EU genutzten Mikrowellen pro Jahr 7,7 Millionen Tonnen CO_2-eq verursachen, was dem jährlichen CO_2-Ausstoß von 6,8 Millionen Autos entspricht. Der Lebenszyklus der Geräte hat sich zudem verkürzt, heute landen Mikrowellengeräte im Durchschnitt nach sechs bis acht Jahren auf dem Müll.

Übrigens: Wusstest du, dass man Pfannen und Töpfe neu beschichten lassen kann, statt sie neu zu kaufen? Schau mal unter www.pfannen.org/ratgeber/pfanne-neu-beschichten!

10 NUTZE ÖKOSTROM

▶ Willst du deine Klimabilanz gleich tonnenweise aufbessern, wechsle am besten zu einem Ökostromtarif. Unterstütze auch Wechselmuffel in deinem Umfeld dabei. Wichtig: Darauf achten, dass der Ökostrom zertifiziert ist.

LEBENSMITTEL – WELCHE SIND DIE KLIMA- FREUNDLICHSTEN?

Es sind nicht nur Fleisch, Milch und Fisch, die unseren persönlichen CO_2-Fußabdruck vergrößern. Auch der Anbau und Transport von Obst und Gemüse wirken sich auf das Klima weltweit aus. So haben Erdbeeren im Winter, wenn sie bei uns nicht wachsen, einen zehnmal höheren CO_2-Fußabdruck als im Mai und Juni. Und auch eine Flugananas schadet dem Klima mehr als eine, die mit dem Schiff transportiert wurde. Ich stelle dir hier die wichtigsten Ergebnisse der renommierten Untersuchung des ifeu in Heidelberg vor, bei der über 200 Lebensmittel in Sachen Klimafreundlichkeit abgeklopft wurden.

Wenn du klimafreundlich essen willst, kannst du versuchen, jeden Tag über die Ernährung weniger CO_2 zu produzieren. Dazu ist als Faustregel schon mal gut, wenn du tierische Lebensmittel reduzierst und zu frischen, regional angebauten Gemüse- und Obstsorten greifst. Das ist allemal besser für die Umwelt als Waren, die lange Transportwege zurücklegen müssen.

Das Institut für Energie- und Umweltforschung Heidelberg (ifeu) hat im Rahmen einer Untersuchung 200 Lebensmittel auf ihre Klimafreundlichkeit hin unter die Lupe genommen. Die Forscher wählten Lebensmittel aus den Gruppen Obst und Gemüse, Milchprodukte, Eier und Milchersatzprodukte, Fleisch und alternative Eiweißlieferanten, stärke-, öl- und zuckerreiche Produkte, Getränke und Gerichte aus. Alle Werte wurden dabei als CO_2-Äquivalent (CO_2-eq) pro Kilogramm eines Lebensmittels angegeben, das in Deutschland gekauft wurde.

CO₂

Genau unterscheiden

Grob kann man die CO_2-Last von Lebensmitteln wie folgt bewerten: Alles unter 1,0 CO_2-eq/kg Lebensmittel ist gut, bis 2,5 mittel und über 2,5 schon sehr ungünstig. Auch gut zu wissen: Die Listen haben keinen Anspruch auf Vollständigkeit, sondern spiegeln die repräsentative Auswahl durch die Wissenschaftler wider. Bei den untersuchten Lebensmitteln wurde auch genauer nach Anbau, Verpackung, Import etc. unterschieden – im Buch können nicht alle Werte dargestellt werden. Wenn du dich für die Details interessierst, findest du die Literaturangabe im Anhang auf Seite 174.

ERSTE WAHL: GEMÜSE

Im Vergleich zu tierischen Lebensmitteln stehen Obst und Gemüse natürlich gut da. Als Faustregel gilt: Viele Gemüsesorten haben nur eine geringe Klimabelastung zur Folge, wenn du sie zu den Zeiten einkaufst, in denen ihre natürliche Erntezeit ist. Der Saisonkalender hilft dir bei der Auswahl (siehe Seiten 170 bis 173). Denn Flugtransport, Gewächshäuser, Haltbarmachung in Gläsern oder als Tiefkühlware sowie ein hoher Verarbeitungsgrad (z. B. Tomatenmark) treiben die CO_2-Bilanz nach oben. So haben Champignons aus der Dose 2,4 CO_2-eq, Rote Bete aus dem Glas 1,3 CO_2-eq. Und Tiefkühlspinat liegt mit 0,6 CO_2-eq deutlich über der Frischware (0,2 CO_2-eq). Trocknen erhöht auch den CO_2-Fußabdruck, so haben Erbsen 2,3 CO_2-eq.

CO₂-FOOTPRINT AUSGEWÄHLTER GEMÜSE UND PILZE

CO₂ EQ/KG 0,1	**CO₂ EQ/KG 0,2**	**CO₂ EQ/KG 0,3**	**CO₂ EQ/KG 0,4**
Möhren Weißkohl	Auberginen Blumenkohl Fenchel Kartoffeln (bio) Kohlrabi Kürbis Lauch Rettich Rotkohl Rote Bete Sellerie Spinat Zucchini Zwiebeln	Brokkoli Feldsalat Rosenkohl Grünkohl Rucola Tomaten (saisonal)	Erbsen Salatgurken

... auch nicht schlecht: Paprika (0,6 CO_2-eq),
Bohnen (0,8 CO_2-eq), Champignons (1,3 CO_2-eq)

🌿 Obstsorten

Auch hier handelt es sich um landwirtschaftliche Produkte, die CO_2-Belastung ist gering, wenn du beim Einkauf regionale und saisonale Waren bevorzugst.

	CO₂-eq
Äpfel – Bio-Anbau	0,2
Pfirsiche	0,2
Birnen	0,3
Erdbeeren im Frühjahr, regional	0,3
Orange	0,3
Trauben (aus Deutschland und Italien)	0,3
Ananas (Schiff)	0,6
Banane	0,6
Apfel (aus Neuseeland)	0,8
Pfirsiche (Dose)	1,6
„Winter"-Erdbeeren	3,4

Besser nicht: Flugananas (15,1 CO_2-eq),
Finger weg auch von Ananas aus der Dose
(1,8 CO_2-eq).

🌿 Stärke-, zucker- und ölreiche Produkte

Diese Lebensmittel wurden alle in Hinblick auf ihre Anbaumethoden (konventionell/ökologisch), Fettstufen (Voll-/ Halbfett), Verpackung sowie Frischware im Vergleich zu Tiefkühlware unterschieden. Warum Reis so schlecht abschneidet? Bei seinem Anbau werden bekanntlich die Reisfelder stark unter Wasser gesetzt, organisches Material im Boden verfault und setzt enorme Mengen an dem Treibhausgas Methan frei. Wissenschaftler schätzen, dass der Reisanbau etwa 2,5 Prozent der gesamten menschengemachten Klimagas-Emissionen verursacht.

	CO₂-eq
Rübenzucker	0,5
Mischbrot	0,6
Bulgur	0,6
Haferflocken	0,6
Dinkel (Reisersatz)	0,7
Nudeln (bio)	0,8
Rohrzucker	1,0
Sonnenblumenkerne	1,5
Honig	2,0
Kokosöl	2,3
Bio-Margarine (vollfett)	2,5
Reis	3,1
Olivenöl (Einwegflasche)	3,2

🌱 Getränke

An erster Stelle bei den Getränken findest du, wie gesagt, das Leitungswasser. Im Weiteren ist erkennbar, wie stark sich unterschiedliche Verpackungsformen auf die Klimabilanz auswirken. Getränke wie Bier oder Wein haben einen relativ hohen CO_2-Fußabdruck, weil sie in Glasflaschen beziehungsweise Dosen „verpackt" werden. Leitungswasser hinterlässt deshalb null Emissionen.

	CO_2-eq
Leitungswasser	0,0
Mineralwasser (Glasmehrwegflasche)	0,2
Apfelsaft (Glasmehrwegflasche)	0,4
Orangensaft (Verbundkarton)	0,7
Bier (Glasmehrwegflasche)	0,9
Bier (Weißblechdose)	1,0
Wein (Glaseinwegflasche)	1,0
Kaffee (Pulver)	5,6

🌱 Milch und Produkte daraus

Auch Bio-Butter sowie alle Käsesorten schneiden relativ schlecht ab. Zusätzlich wirken sich bei den Milchprodukten die unterschiedlichen Fettgehalte (vollfett, fettarm und mager) sowie Verpackungsvarianten auf die CO_2-Bilanz aus.

	CO_2-eq
Milch (Vollmilch, Verbundkarton)	1,3
Joghurt (Kunststoffbecher mit Papier ummantelt)	1,7
Quark (40% Fett)	3,3
Sahne	4,2
Frischkäse	5,5
Käse (im Durchschnitt)	5,7
Emmentaler	6,0
Parmesan	6,3
Feta	7,0
normale Butter	9,0
Bio-Butter	11,5

🌱 Tierische Produkte

Bei tierischen Lebensmitteln sind verschiedene Bewirtschaftungsformen (konventionell, ökologisch), Verarbeitungsgrade (Filet, Bratwurst, Wurstaufschnitt, Nugget), Import aus bestimmten Ländern bzw. Eigenproduktion sowie Frischware im Vergleich zu Tiefkühlware gezeigt. Rindfleisch, Übersee-Wild und Tiefkühlgarnelen haben eine ungünstige Ökobilanz. Je weniger wir davon zu uns nehmen, desto weniger belasten wir das Klima. Fleisch und Milch lassen sich prima durch rein pflanzliche Alternativen ersetzen, ohne dass Geschmack oder die Vielfalt verloren geht. Auch nicht jede Wurst meines Lebens war ein Highlight. Wie immer gilt es, für das Gute offen zu sein!

	CO_2-eq
Fisch (Wildfang, Massenware, tiefgekühlt)	2,4
Bratwurst (Thüringer)	2,9
Bio-Ei	3,0
Fisch (Wildfang, frisch)	4,0
Schweinefleisch (Durchschnitt)	4,6
Fisch (Aquakultur)	5,1
Hähnchen (Durchschnitt)	5,5
Wurstaufschnitt (vom Rind)	7,9
Fisch (Wildfang, Spezialität, tiefgekühlt)	10,0
Hirschfleisch (aus Übersee oder Neuseeland)	11,5
Tiefkühl-Garnelen	12,5
Rindfleisch	13,6

🌱 Ersatzprodukte

Auch pflanzliche Lebensmittelalternativen zeigen, dass die CO_2-Emissionen je nach Bewirtschaftungsformen (konventionell, ökologisch), Fettgehalt (vollfett, fettarm, mager) und Verpackungsform variieren können.

	CO₂-eq
Haferdrink	0,3
Hafer Cuisine	0,6
Sojajoghurt	
(Kunststoffbecher papierummantelt)	0,6
Sojaquark	0,7
Tempeh	0,7
Sojafleisch (Granulat)	1,0
Tofu	1,0
Vegane Bratwurst	1,7
Seitan	2,5

DIE GRENZEN DES CO₂-FOOTPRINTS

Bei den Untersuchungen hat sich gezeigt, dass auch Fleisch, Milch und Eier aus Bio-Landwirtschaft in Sachen Ökobilanz keineswegs besser abschneiden, manchmal sind ihre Fußabdrücke sogar noch größer (z. B. Butter). Das liegt daran, dass Bio-Landwirte größere Flächen bewirtschaften müssen, um ähnliche Erträge zu erzielen wie konventionell arbeitende Bauern. Die größeren Bodennutzungszahlen vergrößern den CO_2-Ausstoß – andererseits wird das Klima geschont durch eine ökologische Bodenbearbeitung und den Einsatz von weniger oder keinen Pestiziden. Insofern ist der CO_2-Fußabdruck von Bio-Lebensmitteln „ökologisch nicht realistisch".

Die größten Klimaschädlinge

Schweinefleisch und Geflügel
Brauchen viele Flächen und Futter. Für den Anbau der Futterpflanzen werden andernorts Regenwälder gerodet.

Rindfleisch
Es hat eine viermal so hohe CO_2-Bilanz wie Schweine- oder Geflügelfleisch. Die Produktion von Rindfleisch benötigt im globalen Durchschnitt noch mehr Wasser als die von Kakao und Kaffee.

Butter
Für 1 Kilo Butter braucht man 80 l Milch; das heißt, es müssen entsprechend viele Milchkühe gehalten werden. Hinzu kommen die Treibhausgase, die bei der Herstellung des Tierfutters anfallen und die Methangase, die Kühe ausstoßen (noch klimaschädlicher als CO_2).

Käse und Sahne
Je höher der Fettanteil eines Milchprodukts, desto mehr Milch wird benötigt.

Schokolade
Enthält meist Milch und oft Palmöl. Für den Anbau werden weiter stetig Regenwälder gerodet. Der dabei freigesetzte Kohlenstoff geht in die Atmosphäre über.

Tiefkühl-Pommes (Fertiggericht)
Der Herstellungsprozess solcher Fertigprodukte ist enorm energieaufwendig.

Als Fazit kannst du trotzdem mitnehmen:
Der Verzehr von Fleisch und Fisch erzeugt einen sehr
hohen CO_2-Fußabdruck. Eine pflanzenbasierte, vielfältige Ernährung
mit Rücksicht auf Regionalität und Jahreszeiten ist das
Beste für uns Menschen, die Tierwelt und die Natur.

DIE CO$_2$-CHALLENGE – JEDE WOCHE EIN KLEINERER FOOTPRINT

Ersetze nach und nach Lebensmittel durch solche mit einem niedrigen CO$_2$-Fußabdruck. Versuche von der ersten Woche an, nicht mehr als 8 Kilo CO$_2$ mit deinem Essen und deinen Getränken zu erzeugen. Mit einer App kannst du das ganz einfach berechnen (siehe Seite 174). Ich weiß nicht, wo du genau stehst, hier schlage ich dir für jede Woche 5 Klima-To-dos vor. Sieh das Ganze als Anregung – du wirst merken, was dir leichter fällt und wo die Umstellung hapert. Am Ende kannst du sicher ganz gut einschätzen, welche Veränderungen für dich und deinen Alltag gut möglich sind.

WOCHE 1

✿ Tausche Butter aus Kuhmilch gegen vegane Butter beziehungsweise Pflanzenmargarine.

✿ Iss höchstens dreimal pro Woche Fleisch. Wenn du schon so weit bist, versuche auch, noch stark verarbeitete Ersatzprodukte zu reduzieren.

✿ Reduziere deinen Eierkonsum auf die Hälfte.

✿ Ersetze ein Reisgericht durch eine Kartoffelmahlzeit.

✿ Erstelle dir einen Essensplan für die nächste Woche.

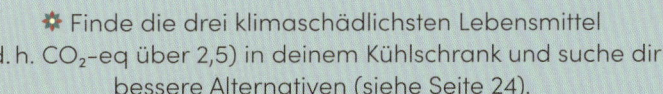

WOCHE 2

❃ Finde die drei klimaschädlichsten Lebensmittel
(d. h. CO_2-eq über 2,5) in deinem Kühlschrank und suche dir
bessere Alternativen (siehe Seite 24).

❃ Ersetze Kuhmilch durch ungesüßten Soja- oder Haferdrink.

❃ Ersetze eine Nudelmahlzeit durch ein Kartoffelgericht.

❃ Lege nichts in den Einkaufskorb, was es nicht auch
mit weniger Verpackung gibt!

❃ Trinke die ganze Woche nur Leitungswasser.

WOCHE 3

❃ Bereite die Mahlzeiten für
eine Woche im Voraus zu.

❃ Iss die ganze Woche ausschließlich
pflanzliche Lebensmittel.

❃ Probiere eines der Rezepte mit
Gemüsegrün aus (siehe Seiten 58, 60 und 96).

❃ Pflanze Gemüseabschnitte ein,
oder stelle sie auf der Fensterbank
ins Wasser (siehe Seite 27).

❃ Finde deinen Lieblingsfleisch-
ersatz (siehe Seiten 24 und 25).

SUPERFOODS AUS ALLER WELT – PRO UND KONTRA

Alles ist relativ! Du kennst sicher die positiven Wirkungen von Superfoods wie Goji, Quinoa oder Matcha. Auf der anderen Seite gibt es an ihrem Import aus fernen Ländern berechtigte Kritik. Im Folgenden stelle ich dir ein paar heimische Alternativen vor. Aber es ist auch völlig okay, wenn du gern bei den Original-Superfoods bleibst, weil sie dir die pflanzenbasierte Küche einfach schmackhafter machen. Vielleicht sparst du dafür das nächste Steak – das bringt einen weit größeren Effekt aus Klimasicht. Probiere aus, was für dich jeweils passt – jeder Schritt hin zu besseren Alternativen ist 100 Prozent mehr als das Gewohnte!

QUINOA ODER HIRSE

Das glutenfreie Scheingetreide ist ein Grundnahrungsmittel der Andenvölker und reich an Eiweiß, Magnesium und Eisen. Bei uns werden vor allem die ganzen Quinoakörner gegessen, ich persönlich mag aber auch Pasta aus Quinoa sehr gern. Transportwege machen das Pseudogetreide nicht gerade zum nachhaltigsten Lebensmittel. Wenn du Quinoa aber als Proteinersatz für Fleisch nimmst, liegst du richtig!
Oder du probierst mal Hirse, die ist ebenfalls glutenfrei. Das echte Getreide ist robust und kommt mit sehr wenig Wasser aus. Deswegen ist es nicht nur die nachhaltigere Alternative zu Quinoa, sondern auch zu Reis, für dessen Anbau extrem viel Wasser benötigt wird. Mittlerweile wird Hirse, aber auch Quinoa, in verschiedenen europäischen Ländern, darunter auch in Deutschland angebaut. Wenn du beim Kauf auf deutsche Herkunft aus Öko-Anbau achtest, ist Hirse eines der nachhaltigsten Getreide überhaupt.

CHIA- ODER LEINSAMEN

Sowohl Chia- als auch Leinsamen sind uralte Kulturpflanzen, die reich an Omega-3-Fettsäuren, Eiweiß und Ballaststoffen sind. Bei den aus China, Mexiko, Indien oder Australien stammenden Chiasamen liegen die Ballaststoffe in der Schale, bei Leinsamen jedoch im Inneren, weshalb er vor der Verwendung geschrotet werden sollte. An Eisen hat das heimische Superfood übrigens mehr zu bieten (8,5 vs. 6,2 mg pro 100 g), an gesunden Fetten sogar etwas mehr als das Doppelte. Der größte Unterschied zwischen den beiden liegt jedoch beim Preis. Chiasamen sind in etwa doppelt bis dreimal so teuer wie Leinsamen und aufgrund des langen Transportwegs nicht nachhaltig. Wenn du Chia ab und an in geringen Mengen und als Bindemittel, beispielsweise zum „Gelieren" von Chiapudding, verwendest, ist das vertretbar.

GOJI ODER HAGEBUTTE

Die Früchte der ursprünglich aus Südwestasien bis China, womöglich auch aus Südosteuropa stammenden Goji-Pflanze sind reich an den Vitaminen B, C und E, an Carotinoiden sowie Zink und Eisen. Da wir die Pflanze auch in unseren Breiten kultivieren können, sind wir nicht auf Importe angewiesen.
Doch warum nicht gleich zu einer heimischen Variante greifen? Hagebutten, die Sammelnussfrüchte verschiedener Rosenarten, sind Grundlage für Mus oder Mark, die getrockneten Schalen eine zentrale Zutat im Früchtetee. Von allen heimischen Obst- und Gemüsesorten haben sie den höchsten Vitamin-C-Gehalt, außerdem punkten sie mit reichlich Vitamin A, B, K und E, Magnesium, Kalium, Kalzium sowie Eisen.

AÇAI- ODER HEIDELBEERE

✖ Açai-Beeren stammen aus Südamerika. Sie sind Grundnahrungsmittel der Amazonas-Regenwaldbewohner und reich an zellschützenden Pflanzenstoffen und Vitaminen. Da sie leicht verderblich sind, gibt es sie bei uns vorwiegend in verarbeiteter Form als Püree oder Pulver.
Heimische Alternativen, die von den Inhaltsstoffen locker mithalten können und keine langen Transportwege hinter sich haben, sind Heidelbeeren, violettes Gemüse und Früchte mit ihren hohen Anthocyangehalten wie Aronia oder auch Schwarze Johannisbeeren. Im Winter kannst du auch mal Tiefkühlware nehmen, wobei sich die Mengen in Grenzen halten sollten.

AVOCADO ODER OLIVE

✖ Wegen ihrer gesunden Fette wird die tropische Frucht so geschätzt. Allerdings kann sich jeder fragen, ob der Konsum von Avocados in Anbetracht ihres Wasserverbrauchs, der illegalen Waldrodung, der Anlage schädlicher Monokulturen und weiterer Bedrohungen für die einheimische Bevölkerung, vertretbar ist.
Eine gute Alternative ist die Olive, sie ist zwar auch kein heimisches Gewächs, hat aber eine deutlich kürzere Anreise. Zudem kann sie in Sachen gesunde Fette und fettlösliche Vitamine der Avocado absolut die Stirn bieten. Eine Superalternative ist auch die Walnuss: Sie hat einen höheren Gehalt an Ölsäure sowie an mehrfach ungesättigten Fettsäuren. Walnüsse wachsen auch in Deutschland und lassen sich lange lagern.

MATCHA ODER BRENNNESSEL

✖ Der zu feinstem Pulver vermahlene Grüntee wird überwiegend in Japan und China angebaut und ist reich an zellschützenden Antioxidanzien. Seine Gesundheits-Benefits sind unumstritten. Doch warum in die Ferne schweifen? Auch bei uns wachsen viele Kräuter mit extrem hohem Potenzial zur Bekämpfung freier Radikale: Zum Beispiel ist die Brennnessel äußerst vitaminreich, wirkt stoffwechselanregend und fördert die Blutbildung. Brennnesseltee kannst du aus frischen Blättern, die du trocknest, selbst herstellen. Oder trockne mal die verblühten Samen – sie machen sich super über ein Müsli gestreut!

GRANATAPFEL ODER GRÜNKOHL

✖ Neben vielen zellschützenden Antioxidantien liefert der heute im Mittelmeerraum heimische Granatapfel Kalium, Kalzium und Eisen. Gerade in den Wintermonaten machen sich die knallroten Kernchen super als Topping auf Salaten.
Die regionale Alternative gibt es in Form einer grünen Wunderwaffe, die eine der besten pflanzlichen Quellen für Kalzium und die Vitamine C, E und K ist. Gesunde Pflanzenschutzstoffe gibt es im Grünkohl reichlich frei Haus – vor allem die dunkelgrünen Farbstoffe der Anthocyane.

KOKOS- ODER HASELNUSS

✖ Die Kokospalme wird hauptsächlich in tropischen Regionen rund um den Äquator angebaut. Verwendet werden ihre Früchte, das daraus stammende Kokoswasser, das Fruchtfleisch und das Kokosöl.
Die Haselnuss hat einen vergleichbar hohen Fettanteil und punktet mit Kalzium, Magnesium, Eisen, Zink, Vitamin E und B. Anders als Kokosöl eignet sich Haselnussöl allerdings nur für die kalte Küche – du solltest es wie ein Gewürz betrachten. Für das Erhitzen auf hohe Temperaturen besser zu Rapsöl greifen, das ebenfalls mit guten Fettwerten aufwarten kann.

FAZIT: Du siehst, dass es keine einfachen Schwarz-Weiß-Lösungen gibt. Exotische Produkte würde ich aber eher seltener genießen und wenn, dann solche, die aus fairem Handel oder nachhaltiger Landwirtschaft stammen.

VIEL MEHR ALS NUR ERSATZ: ALTERNATIVEN ZU FLEISCH & CO.

Pflanzliche Ersatzprodukte für Fleisch und Wurstwaren, Milch und Milchprodukte boomen! Das ist erst mal eine erfreuliche Entwicklung, weil sie uns weg vom Fleischkonsum führt. Allerdings heißt es auch hier „Augen auf beim Kauf!" Denn manche Produkte sind extrem stark verarbeitet, nur um dem Steak, dem Würstchen oder der Käsescheibe möglichst ähnlich zu schmecken. Dafür mixen die Firmen eine große Menge an Zusatzstoffen unter, die nicht immer unbedenklich sind. Einige Produkte sind durchaus sinnvoll, bei anderen sollte man abwägen – oder gleich selbst eine pflanzenbasierte Alternative kochen, da sind dann garantiert keine Zusatzstoffe enthalten.

Zum Glück ist der Mensch neugierig: Eine Forsa-Umfrage, die das Bundesministerium für Ernährung 2020 veröffentlicht hat, zeigt ganz klar, dass der Mensch in erster Linie aus Neugier zu Tofu-Würstchen und Seitan-Patties greift. 75 Prozent der Befragten waren neugierig. Knapp der Hälfte (48 Prozent) ging es auch ums Tierwohl. Denn so viel ist klar: Für pflanzliche Fleischalternativen muss kein Rind, kein Schwein und keine Pute geschlachtet werden. Als Basis verwenden die Hersteller neben Weizen- oder Sojaeiweiß meist Protein aus Hülsenfrüchten, Gemüse, Pilzen oder Mikroalgen. Der Gehalt dieser Pflanzen an Eiweiß ist oft noch höher als der von Fleisch oder Milchprodukten, dafür aber garantiert frei von Cholesterin und meist fettärmer.

„Indem wir mehr Pflanzen statt Fleisch essen, können wir mehr Lebensmittel von weniger Landflächen beziehen."

DAS KLEINGEDRUCKTE LESEN

Im Vergleich zu Rindfleisch entstehen bei der Produktion von pflanzlichen Fleischalternativen bis zu einem Zehntel weniger Treibhausgase, auch der Wasser- und Flächenverbrauch ist geringer. Wie gesund und klimafreundlich die Fleischalternativen tatsächlich sind, hängt immer davon ab, was in ihnen steckt, woher die Zutaten stammen und wie sie verarbeitet wurden. Schau beim Einkauf deshalb immer genauer auf die Verpackung, wenn du etwas fürs Klima (und deine Gesundheit) tun willst. Vermeide hohe Gehalte an Zucker, Salz oder Fett sowie lange Listen an Zusatzstoffen.

Leider verwenden einige Hersteller auch tierisches Protein aus Eiern und Milch. So kannst du bei der Angabe von Hühnereiweiß zum Beispiel darauf achten, woher die Eier stammen.

Weiterhin kritisch ist die Verarbeitung von Soja, auch wenn das heute meist in der EU angebaut wird und nicht in Südamerika. Ein Problem bleiben allerdings die gentechnisch veränderten Sorten. Wie auch Mais und Raps ist Soja oft gentechnisch verändert, um besser gegen Schädlinge und Pestizide gewappnet zu sein. Hilfe bietet auch das „Ohne Gentechnik"-Siegel – bei pflanzlichen Lebensmitteln darf der GVO-Anteil dann nicht über 0,1 Prozent liegen, bei tierischen ist mehr erlaubt. Allerdings garantiert das nicht, dass du 100 Prozent gentechnikfrei essen kannst, die GVO-Sorten breiten sich nämlich schleichend in der Natur aus. So findet man bereits in einem Drittel der konventionellen Sojaprodukte Spuren genveränderter Bestandteile, obwohl sie offiziell nie mit Gentechnik in Berührung kamen.

TOFU

✿ Der Quark aus der aus Sojabohnen gewonnenen „Pflanzenmilch" ist wohl der Klassiker unter den Fleischalternativen und ein hervorragender pflanzenbasierter Eiweißlieferant. Im gut sortierten Supermarkt findest du ihn in verschiedenen Varianten und Konsistenzen. Natur oder geräuchert eignet er sich hervorragend für Gemüsegerichte und Currys sowie als Topping auf Salaten. Dazu gibt es Würstchen, Burger oder Bratlinge aus Tofu. Seidentofu ähnelt von der Konsistenz eher Quark und wird gern für Desserts, Gebäck und Saucen verwendet oder dient als Ersatz für Hühnerei.

TEMPEH

✿ Wie Tofu besteht der ursprünglich aus Indonesien stammende Fleischersatz aus Sojabohnen, Lupinen und Kichererbsen, ist aber noch eiweißreicher. Allerdings werden zur Herstellung die ganzen (Soja-)Bohnen verwendet und nicht die aus ihnen gewonnene „Milch" wie bei Tofu. Die Bohnen werden durch Zugabe eines Edelpilzes fermentiert. Tempeh ist fester als Tofu und schmeckt pilzartig bis nussig. Er wird geräuchert oder gewürzt zum Braten, als Patty, als Suppeneinlage, frittiert oder als Salatbeilage verwendet.

BLAUE SÜSSLUPINE

✿ Lupinenfilets sind eiweißreich, enthalten wertvolle Fettsäuren und reichlich Ballaststoffe. Außerdem sind sie besser verträglich als andere Hülsenfrüchte. Lecker: Lupinen-Tempeh als regionale Variante. Es gibt im Handel auch Würstchen, Schnitzel oder Lopino, ein tofuähnliches Produkt. Neben dem Fleischersatz gibt es auch Süßlupinenmehl und Lupinenkaffee. Weil Lupinen nicht nur aus der Region stammen, sondern auch dabei helfen, die Ackerböden gesund zu erhalten, kommt ihnen eine besondere Bedeutung als klimaschonende Fleischalternative zu.

SONNENBLUMENHACK

✿ Du kennst Sonnenblumen bislang als Lieferant für Pflanzenöl? Auch als Eiweißquelle hat die leuchtend gelbe Blume echtes Potenzial. Der Presskuchen, der nach dem Ausmahlen und Pressen der Kerne übrig bleibt, ist als Hack erhältlich oder als Pulver für Smoothies oder Riegel. Da die Pflanze aus heimischem Anbau stammt, punktet sie auch in Sachen Klimafreundlichkeit.

PFLANZENDRINKS

✿ Laut Lebensmittelgesetz handelt es sich dabei um wässrige Extrakte verschiedener Pflanzen wie Nüssen, Ölsaaten, Hülsenfrüchten oder (Pseudo-)Getreide. In der EU werden diese Produkte als „Drinks" verkauft, da der Begriff „Milch" geschützt ist. Aus ökologischer Sicht gelten Haferdrinks als bester Kuhmilchersatz, auch in geschmacklicher Hinsicht. Sojadrinks schmecken getreidig-nussig und lassen sich gut aufschäumen. Hier unbedingt auf die Herkunft des Sojas achten (siehe links)! Mein Tipp: Die gesüßte Variante kannst du dir sparen – aus Rücksicht auf deine Gesundheit!

SAHNE

✿ Im Bio-Laden, Reformhaus oder Supermarkt gibt es zahlreiche vegane Sahnealternativen. Aus rechtlichen Gründen heißen die Produkte „Whip", „Cuisine" oder „Creme". Soja Cuisine hat einen markanten Eigengeschmack, lässt sich aber wie normale Sahne aufschlagen. Hafer oder Dinkel Cuisine sind im Gegensatz zu Sojaprodukten zum Kochen geeignet, da sie auch bei höheren Temperaturen nicht ausflocken. Kokosmilch ist zwar kein Sahneersatz, harmoniert wegen der cremigen Konsistenz aber perfekt mit veganen Currys. Auch pflanzliche Joghurt- oder Quarkalternativen lassen sich als Sahneersatz verwenden. Statt Crème fraîche bietet sich Seidentofu zum Verfeinern von Suppen und Saucen an.

JOGHURT & KÄSE

✿ Pflanzliche Joghurtalternativen werden überwiegend aus Soja (süßer als herkömmlicher Joghurt, mit Getreidenote), Mandeln und Cashewkernen (nussig, cremige Konsistenz) sowie Kokosnuss hergestellt. Für fast jede Käsesorte gibt es inzwischen auch eine pflanzliche Alternative. Das reicht von Parmesan über Mozzarella bis hin zu Feta und Camembert. Veganen Käse kann man auch selbst herstellen.

Fisch aus Pflanzen?

Um die Meere und die maritimen Ökosysteme zu schonen, verzichten immer mehr Menschen bewusst auf Fisch. Dabei gibt es mittlerweile auch pflanzliche Fischalternativen in Form von Filets, Burgern oder Stäbchen bis hin zu „Riesengarnelen" und Kaviar. Die Basis solcher Produkte besteht häufig aus Tofu oder Weizeneiweiß, Garnelen aus gemahlener Yamswurzel und neuerdings auch aus Gemüse oder Jackfrucht. Algen sorgen für das Fischaroma.

Diese veganen Fischalternativen sind teilweise hoch verarbeitet, weshalb sie aus gesundheitlicher und auch aus klimafreundlicher Sicht eher fragwürdig sind. Probiere stattdessen lieber einmal Algen pur: Sie haben in Asien als Nahrungsquelle eine lange Tradition und punkten durch zahlreiche wertvolle Inhaltsstoffe. Algen sind bei uns aus geschlossenen Ökosystemen erhältlich.

LIEBE DEINE LEBENSMITTEL – NO FOOD WASTE

Anders als in Ländern des sogenannten globalen Südens verderben bei uns Lebensmittel weniger während Produktion und Transport, sondern erst im Handel und beim Verbraucher zu Hause. Damit du die Verschwendung von Lebensmitteln vermeiden kannst, solltest du wissen, wie lange sie halten und wie du sie richtig lagerst. Bei den Steckbriefen und Rezepten gibt es eine Menge Vorschläge, wie du Reste von Gemüse & Co. noch nutzen oder sogar wieder zum Sprießen bringen kannst. Hier schon mal die wichtigsten Tipps im Überblick:

Kauf nur, was du wirklich brauchst: Überleg dir vor dem Einkauf, was du an den nächsten Tagen essen willst und beschränke dich darauf. Salat, Spinat, Beeren, Pilze oder Brokkoli halten nicht lange und sollten schnell nach dem Einkauf verarbeitet werden. Je gezielter du einkaufst, desto seltener werden Lebensmittel schlecht. Mein Tipp: nie hungrig einkaufen gehen!

Bau dein eigenes Essen an: Selbst auf dem kleinsten Balkon oder der Fensterbank kann man ein wenig Gemüse oder Kräuter anbauen. Die sind garantiert frei von Zusatzstoffen und Verpackungen sowie regional und saisonal.

Hält, solange es schmeckt: Lebensmittel, die das Mindesthaltbarkeitsdatum (MHD) überschritten haben, landen oft als „abgelaufen" im Hausmüll. Dabei steht auf der Packung doch „mindestens haltbar bis ...". Das bedeutet lediglich, dass bis zu diesem Datum Geschmack und Farbe garantiert sind, nicht aber, dass das Lebensmittel danach automatisch verdorben ist. Oft kannst du Joghurt, Sauerrahm oder Tofu mehrere Tage bis Wochen über das Datum hinaus problemlos verzehren.

Schau dir das Produkt genau an und vertrau auf deine Sinne: Nimm das Lebensmittel in die Hand, schnuppere daran und probiere es vorsichtig. Während du aus labberigem Gemüse durchaus noch Suppen zaubern kannst, Finger weg von Gemüse mit faulen oder schimmligen Stellen.

Eier

Zwischen dem Legen eines Eis und dem Mindesthaltbarkeitsdatum auf dem Eierkarton liegen 4 Wochen. Im Kühlschrank halten sich Eier aber 2 bis 4 Wochen über das MHD hinaus. Wir empfehlen allerdings, solche Eier dann nur noch zum Backen und Kochen zu verwenden.

Mein Tipp: Ob ein Ei noch essbar ist, findest du ganz leicht heraus, indem du es in ein Glas mit kaltem Wasser gibst. Sinkt es ab, ist es in Ordnung. Schwimmt es oben, ist es verdorben.

Richtig lagern: Lagere nachreifende Obst- und Gemüsesorten getrennt von Sorten, die empfindlich auf das Reifegas Ethylen reagieren. Sonst werden sie schneller alt. Nachreifende Sorten sind Äpfel, Aprikosen, Birnen, Pfirsiche und Tomaten. Empfindlich auf sie reagieren Auberginen, Rosenkohl, Spinat, Gurken, Möhren und Salate. Unempfindlich sind Kürbis, Kartoffeln, Zwiebeln, Paprika und Zucchini.

Haltbar machen: Gemüse wie Rote Bete, Gurken und Paprikaschoten kannst du in Essig oder Öl einlegen. Kohl, Bohnen und Möhren lassen sich für den Vorrat fermentieren. Die meisten anderen Gemüsesorten, Obst und auch Kräuter lassen sich trocknen. Aus Beeren kannst du Konfitüre kochen, aus Äpfeln Mus, aus Gemüse Chutneys.

Reste-Essen: Reste wandern in Schraubgläser oder Glasboxen, so behältst du einen guten Überblick und wirst beim Kochen kreativ – ganz einfach nach dem Trial-and-Error-Prinzip. Mischen is possible – einmal die Woche eine Pasta „mista", ein „Gröstl" oder eine „mixed" Bowl to go, so schonst du Natur und Geldbeutel. Weitere Lösungen bieten auch Foodsharing-Plattformen und Tafeln.

RESTEANBAU

Aus Gemüseresten kannst du leicht neue Triebe wachsen lassen oder ganz neue Pflanzen ziehen. Für das Regrowing eignet sich eine ganze Reihe von Obst- und Gemüsesorten, wobei man grob drei Arten der Reproduktion unterscheidet:

Aussamen

Samen aus Blüten oder Früchten keimen im Boden neu – diese Methode funktioniert bei kleinen Kernen von Erdbeeren oder Tomaten, aber auch bei großen Kernen von Avocado und Mango.

Vegetative Vermehrung

Teile der Pflanzen breiten sich wieder selbst aus – das geht sogar auch mit einem Ananasstrunk.

❖ Frühlingszwiebel/Lauch in ein mit wenig Wasser gefülltes Gefäß geben, sodass nur die vertrockneten Wurzelreste mit dem Wasser in Berührung kommen. Stell die Schale an einen sonnigen Platz auf der Fensterbank. Innerhalb von 3 bis 5 Tagen sprießen neue Triebe. Du kannst die Pflanzen nach Bedarf abschneiden, wenn du sie zum Kochen brauchst. Die Wurzel lass einfach im Wasser, so kannst du immer wieder ernten.

❖ Ist sie voll ausgebildet, kann die Pflanze in einen eigenen Topf mit Erde umziehen. Bei Salat- und Kohlpflanzen darauf achten, dass nur der Strunk mit dem Wasser in Berührung kommt.

❖ Bei Minze oder Basilikum aus dem Supermarkt vorsichtig die kleinen Stecklinge herausziehen, da die Pflanzen fast immer zu eng angebaut werden. So rettest du die Basilikum- und Minzepflanzen und züchtest gleich Nachschub.

❖ Kartoffeln/Süßkartoffeln/Topinambur mit Sprossen 2 bis 3 Tage trocknen lassen und dann auspflanzen. Nach 3 bis 4 Monaten ist Erntezeit!

❖ Knoblauchzehe einpflanzen und die Erde feucht halten. Sobald der Knoblauch sprießt, etwas zurückschneiden, damit die Knollenbildung angeregt wird. Pflanzzeiten sind Februar und Oktober, geerntet werden kann der Knoblauch dann im Sommer des Folgejahres.

Vermehrung durch die Wurzeln

Die Wurzeln treiben weiter aus, du kannst die Pflanzen einfach erneut in Erde setzen.

❖ Erntefrischen Knollensellerie/Meerrettich/ Rote Beten mit den Wurzeln in eine Schale mit Wasser legen. Nach etwa 10 Tagen wachsen neue Wurzeln, und du kannst den Sellerie an einer sonnigen Stelle in die Erde oder in einen Blumentopf pflanzen. Auspflanzen empfiehlt sich ab Mai.

❖ Den Rest einer Knolle von Ingwer/Kurkuma/ Galgant – am besten ein etwa 5 cm langes Stück – mit der Schnittfläche nach unten in die Erde stecken, idealerweise machst du das im Frühjahr. Den Knollenrest leicht mit Erde bedecken und mäßig feucht halten. Ist die Pflanze groß genug, kannst du Ingwer, Kurkuma oder Galgant ernten und das Gleiche mit der Knolle beliebig oft wiederholen.

MEINE KLEINE KOCHSCHULE – DIE WICHTIGSTEN GARMETHODEN

Du hast bislang noch nicht so richtig viel gekocht? Hier zeige ich dir Garmethoden für Gemüse. Ein Topf und eine Pfanne, dazu Gemüsereibe und Stabmixer sollten vorhanden sein. Du wirst sehen, es reicht schon wenig Übung, um im Handumdrehen etwas Leckeres auf den Tisch zu bringen. Und du wirst von Mal zu Mal immer besser werden. Zukunft-Kochen beginnt auf jeden Fall jetzt!

BLANCHIEREN

Gemüse, das weiterverarbeitet werden und seine Farbe schön behalten soll, blanchiert man. Dazu kocht man in einem großen Topf Wasser auf, gibt etwas Salz dazu und legt das Gemüse in das sprudelnde Wasser. Je nach Gemüse kann das zwischen 1 bis 5 Minuten sein. Das Gemüse wird wieder herausgehoben und in sehr kaltes Wasser eingelegt – dieses Abschrecken stoppt den Garvorgang. Dann lässt man alles in einem Sieb abtropfen.

DÜNSTEN

So wird Gemüse besonders aromaschonend zubereitet. Etwas Öl in einem Topf erhitzen und das vorbereitete Gemüse darin bei mittlerer Hitze etwa 3 Minuten schwenken oder ab und zu umrühren. Etwas Wasser oder Brühe hinzufügen, würzen, den Deckel auflegen und das Gemüse nach Rezept fertig garen. Maximal 10 Minuten.

DÄMPFEN

Dämpfen gilt als vitaminschonende Zubereitungsart. Dazu wird Wasser etwa 3 cm hoch in einen Topf gegossen und erhitzt. Zum Aromatisieren können Gewürze hinzugefügt werden. Das Gemüse kommt in einen Siebeinsatz, der so in den Topf gestellt oder eingehängt wird, dass der Siebeinsatzboden das kochende Wasser nicht berührt. Das Gemüse soll über (!) dem Dampf garen. Deckel auflegen und Gemüse nach Rezept zubereiten.

KOCHEN UND PÜRIEREN

Besonders für cremige Suppen geeignet. Das küchenfertige Gemüse wird in einem großen Topf meist mit etwas Wasser weich gegart. Dann erledigt der Stabmixer die Arbeit: Er zermust alles zu einer homogenen Masse. Früher hat man es durch ein Sieb gestrichen – geht natürlich auch.

BRATEN UND WOKKEN

Ein geschmacksintensivere Zubereitung, da beim Braten Röstaromen entstehen. Öl in einer Pfanne erhitzen und das küchenfertige Gemüse darin einlegen. (Bei Kartoffel- oder Auberginenscheiben am besten portionsweise vorgehen!) Wenn das Gemüse schön Farbe angenommen hat, wenden und fertig braten. Im Wok wird klein gewürfeltes Gemüse unter andauerndem Rühren gebraten.

IM OFEN RÖSTEN UND BACKEN

Eine meiner Lieblingszubereitungsformen ist Rösten, ohne zu rühren – das macht sich super für Sellerie, Wirsing oder Grünkohl. Das Rösten bietet viele Vorteile: Das Röstaroma entsteht mit wenig oder ganz ohne Öl im Ofen bei Umlufthitze. Der Geschmack wird durch den Feuchtigkeitsentzug noch intensiviert. Und der Herd bleibt sauber! Rohstoffe kannst du sparen, wenn du statt immer neuem Backpapier eine Dauer-Silikonbackmatte verwendest. Mein Tipp: Damit sich das Anwerfen des Backofens wirklich rentiert, kannst du bei Umluft nebenbei noch leckere Kartoffel-Wedges, Wirsing-Crunch oder Kerne-Snacks backen.

SCHMOREN

Schmoren bedeutet eigentlich langsames Garen im eigenen Saft. Als Schmorklassiker wird oft Rindergulasch genannt. Für unsere Gemüse eignet sich besonders Paprika zum Schmoren. In einem breiten Topf Öl erhitzen, die Paprika darin unter Rühren anbraten und dann mit Flüssigkeit – gerne Gemüsebrühe – aufgießen. Das Gemüse bei geschlossenem Deckel und schwacher Hitze etwa 15 Minuten garen. Natürlich würzen nicht vergessen – am besten gleich von Anfang an, dann zieht das Aroma während des Schmorens schön durch.

DEINE VORRÄTE

Es ist völlig logisch, dass der Inhalt von Vorratsregal und Kühlschrank die Geschmacksvorlieben seines Besitzers spiegelt. Bei mir ist das zum Beispiel immer frisches Sauerkraut (unpasteurisiert!). Die folgenden Lebensmittel und Gewürze sind die Basics für alle Kochaktionen in diesem Buch.

Würzmittel & Co.

- Kräuter
- Natron, Backpulver, Speisestärke (aus Mais)
- Essig – Apfelessig, heller Reisessig
- Senf – z. B. Dijon, grober Bauernsenf
- Pflanzenöle (Oliven-, Raps-, Leinöl, geröstetes Sesamöl, Haselnussöl) – das eine zum Erhitzen, das andere ausschließlich für die kalte Küche
- Salz (gerne auch in Flocken) und Pfeffer, Muskatnuss, Fünfgewürzpulver, ganzer Kümmel, Korianderkörner, Fenchelsamen, Sternanis, Madras-Currypulver, Pilzpulver (aus Steinpilzen oder Shiitake), Harissa-Pulver, Hefeflocken
- brauner Zucker, Dattelsirup, Kokosblütenzucker, Honig
- helle Misopaste, Sojasauce, Agavendicksaft, Tomatenmark
- Weißwein oder naturtrüber Apfelsaft

Lagerfähiges Gemüse

- Knoblauch, Zwiebeln
- Kartoffeln
- Ingwer und Kurkuma - grundsätzlich mit Schale und in Bio-Qualität
- Bio-Zitronen
- Hülsenfrüchte (Linsen, Kichererbsen, weiße Bohnen) - getrocknet oder aus dem Glas

Milch und Ersatzprodukte

- vegane Butter/Margarine
- Parmesan und Gruyère
- Soja Cuisine, Kokosmilch, Haferdrink, Mandeldrink, Cashewdrink
- (pflanzenbasierter) Joghurt und Feta
- Feto (siehe rechts), Tofu, Tempeh

Meine Lieblinge

Erhältlich im Reformhaus und in gut geführten Supermarkt oder im Online-Handel:

- No-Fish-Sauce (z. B. von Arche): vegane Variante der asiatischen Fischsauce auf Basis von Meeresalgen
- Colatura di alici: italienische Würzsauce aus Sardellen
- Feto: fermentiertes Tofu-Produkt
- Ume Su: fein säuerlich-fruchtige Würzsauce auf Basis von Aprikosen

Nüsse und Trockenwaren

- Sonnenblumenkerne, Sesam-, Leinsamen, Kürbiskerne, Pekannüsse, Mandeln
- Dinkelflocken
- Mehl – am besten Dinkelmehl Type 630
- Nudeln – gerne aus Quinoa oder Hülsenfrüchten
- Quinoa, Dinkel, Perlgraupen
- Trockenfrüchte
- Panko – Semmelbrösel aus Asien
- Sauerteigbrot, Walnussbrot

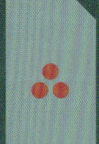

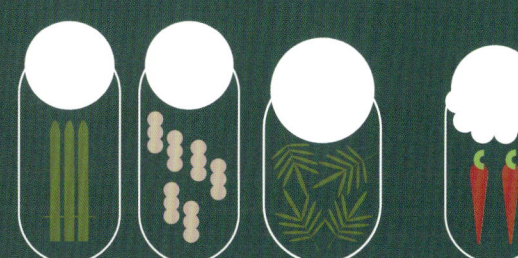

SO EINFACH?
DAS GEHT
AUCH IN
DEINER KÜCHE

Jetzt kann es losgehen! Damit dir dein planeten-gesundes Essen jeden Tag schon beim Kochen Spaß macht, blätterst du erst mal in aller Ruhe die Rezepte durch und erstellst dir danach einen Essensplan. Danach bestellst du alles oder machst einen Großeinkauf und schenkst dir anschließend ein paar Stündchen fürs Meal Preppen (siehe rechts), solange es dir Spaß macht. Alle vorbereiteten Komponenten, die du nicht gleich brauchst, wandern in den Kühlschrank!

Prinzip: Zuerst planst du deine kulinarische Woche mit allen Frühstücken, Mittag- und Abendessen. Danach gehst du einkaufen – real oder digital – im Bio-Laden oder auf dem Markt, im Supermarkt oder in einem Shop mit Produkten aus Unternehmen, die Kreislaufwirtschaft betreiben. Nimm dir an einem Tag der Woche Zeit zum Einkaufen und ungefähr zwei, drei Stunden, um für die ganze Woche schon mal einiges vorzukochen. Dafür kannst du dir an den nächsten Tagen Einkaufen, Kochen und Kücheaufräumen sparen.

Speiseplan: Stell anhand der Rezepte in diesem Buch einen Plan zusammen, worauf du in der kommenden Woche Lust hast. Überleg dir auch, für wie viele Personen oder Male die Mahlzeiten jeweils reichen sollen. Kochst du nur für dich oder auch für deinen Partner und/oder die Kinder? Planst du Mitnehmmahlzeiten ein? Hast du Gäste eingeladen? Das solltest du alles berücksichtigen. Danach wandert der Plan an den Kühlschrank und du schreibst eine Einkaufsliste. Denn: Wer saisonal isst, der isst Saisonales auch mehrmals die Woche, aber eben immer anders zubereitet.

Alles da? Stell alle Zutaten für das Rezept bereit und wiege sie ab. Leg dir auch alle benötigten Kochutensilien bereit. Gerade bei kurzen Garzeiten macht es nur Stress, wenn du zwischendrin Nüsse röstest oder Kräuterblätter abzupfst.

Energieeffizient: Erhitze die notwendige Menge Kochwasser erst im Wasserkocher und gib sie danach in den Kochtopf. Das geht schneller und spart Energie. Versuch dich auch mal an der Niedriggarmethode. Das geht auch mit mehreren Ofengerichten in einem Garvorgang, so sparst du Energie und damit Budget für gute Lebensmittel.

Step by step: Wenn du für eine Woche vorkochen beziehungsweise „preppen" möchtest, beginnst du am besten mit der Mahlzeit, deren Zubereitung am meisten Zeit beansprucht, und arbeitest dich dann zum Schnellgericht vor. Bereite zuerst alle Zutaten für ein Essen vor. Während Gericht 1 im Ofen oder Topf gart, leg mit dem nächsten Rezept los. Zutaten, die du für mehrere Gerichte brauchst, kannst du in einem Aufwasch waschen und putzen, schnibbeln oder raspeln.

Gemüse schnell verarbeiten: Weil Zutaten wie Gemüse und Salate beim Lagern schnell an Nährstoffen verlieren, ist es besser, wenn du alles vorbereitest und luftdicht verschließt. Wenn du Gemüsesorten vor dem Aufbewahren in Salzwasser ganz kurz blanchierst, werden bestimmte Enzyme inaktiviert und anhaftende Keime abgetötet. Auch die Farbe des Gemüses bleibt schöner erhalten.

Flexibel bleiben: In fast jedem Rezept wird versucht, auf tierische Produkte zu verzichten. Was aber nicht sein muss, sollte eines davon mal nicht zur Hand sein. Jedes Milchersatzprodukt wie vegane Butter, Soja Cuisine, veganer Feta oder veganer Käse kannst du 1:1 durch das Kuhmilch-Pendant ersetzen. Das Gleiche gilt fürs Süßen von Speisen: Ist kein Dattelsirup oder Kokosblütensirup im Vorratsschrank kann auch immer mit Agavendicksaft oder regionalem Bio-Rübenzucker gesüßt werden, dieser ist allerdings süßer.

„Die Art der Zubereitung und eine vernünftige Essensplanung sind wichtige Tools, wenn man eine nachhaltige Ernährung im Alltag umsetzen will."

Haltbarkeit: Denk daran, bei allen Gerichten immer auch die Haltbarkeit mit einzuplanen: So eignen sich beispielsweise die Tage nach dem Meal-Prep-Tag gut für Salate, Rohkost und Fischgerichte. Da diese Lebensmittel selbst bei professioneller Lagerung im Kühlschrank sensibler sind und schneller verderben. An den Tagen danach gibt es eingelegte, gesäuerte, gekochte oder gebratene Mahlzeiten, die gekühlt 3 bis 4 Tage haltbar sind. Donnerstag und Freitag sind Gerichte angesagt, die sich gut tiefkühlen oder einmachen lassen, also Suppen, Eintöpfe oder Currys. Wenn du zum Beispiel einen Eintopf kochend heiß in saubere Schraubgläser füllst, gleich verschließt, sie in der Küche auskühlen lässt und dann im Kühlschrank aufbewahrst, dann hältst du ihn damit für mindestens zwei Wochen frisch.

Allrounder: Such dir am besten Rezepte aus mit Gemüsesorten, die gleich für mehrere Gerichte passen. Zu den Vielseitern zählen zum Beispiel gerade heimische Gemüse wie ganze Kohlköpfe und Wurzelgemüse, aber auch Tomaten, Brokkoli, Zucchini, Paprika, Bohnen oder Pilze. Indem du einen Kohl zum Beispiel gleich für mehrere Gerichte schneidest, hobelst oder häckselst, sparst du Platz im Kühlschrank für die Zwischenlagerung und vermeidest, dass Reste verderben.

Vorräte anlegen: Ob roh gemixt oder schon fertig gegart – in deiner Küche kannst du ein paar praktische Vorräte anlegen:
So lassen sich Hülsenfrüchte oder Eintöpfe am besten gleich in größeren Mengen kochen, portionsweise einwecken (siehe Seite 57), vakuumieren oder tiefkühlen. Bei Bedarf kannst du sie dann als Beilage zu deinem Lunch hinzufügen. Vorsicht: Lieber ein wenig bissfest garen, sonst werden sie beim erneuten Erwärmen matschig.
Ein Salatdressing lässt sich ganz einfach gleich in größerer Menge zubereiten und in einer Flasche mit Schraubverschluss im Kühlschrank aufbewahren. So hält es sich etwa 3 bis 5 Tage und, wenn du es auf 80 °C erhitzt, auch mehrere Wochen. Bei den Basics findest du meinen Favoriten, ein Senf-Honig-Dressing (siehe Seite 164).
Auch bei Nüssen oder Samen lohnt es sich, diese gleich in größerer Menge zu rösten und innerhalb von 10 Tagen zu verwenden. In einem Schraubglas aufbewahrt, bleiben sie geschmacklich röstfrisch.

Cool down: Vor dem Verschließen der Box den Inhalt auf Raumtemperatur abkühlen lassen und dann erst in den Kühlschrank legen. Auf diese Weise halten sich Gemüse, Nudeln, Reis und andere Zutaten länger frisch.

Gut verpackt: Besorg dir dicht schließende Boxen, Einmach- oder große Schraubgläser. Empfehlenswert zum Mitnehmen sind auch Boxen mit mehreren separaten Fächern, weil sich die Speisen hier nicht mischen. Vakuum kann deine vorbereiteten Lebensmittelkomponenten sogar bis zu achtmal länger frisch halten.

Im Voraus kochen

„Meal Prep" (meal: Mahlzeit; to prep bzw. preparation: vorbereiten bzw. Vorbereitung) ist eine der sinnvollsten Wiederentdeckungen der letzten Jahre. Dahinter steckt im Prinzip nichts anderes als das gute alte „Vorkochen". Nur das eben nicht alles „gekocht" werden muss, sondern auch frisch vorbereitet kühl gestellt wird.

Das funktioniert im großen Stil, also zum Beispiel für mehrere Esser oder sogar für eine Arbeitswoche und weil dir ausgewogene Abwechslung im Speiseplan wichtig ist. Du wirst staunen, wie viel leichter dein Alltag wird, weil du nicht jeden Tag schnibbelnd und abwaschend in der Küche stehst, sondern das alles an einem Tag der Woche erledigst. Abends gibst du dann die vorbereiteten Komponenten aus dem Kühlschrank zusammen und hast in kürzester Zeit ein frisch zubereitetes, hochwertiges und leckeres Gericht auf dem Teller. Anstatt angestrengt grübelnd im Supermarkt überlegen zu müssen, was denn heute schnell und gesund ginge, den Kopf noch von der Arbeit oder dem Alltag voll. Schnell und nachhaltig geht's nur mit Planung und Meal Prep.

Mein Tipp:
Für meine Rezepte empfehle ich dir, einmal pro Woche je 500 g Rot- und Weißkohl sowie 400 g Bio-Möhren zu putzen, möglichst fein zu hobeln und getrennt in luftdichten Gefäßen zu lagern. Die Gemüsestreifen halten bis zu 5 Tage im Kühlschrank und lassen sich dann für verschiedene meiner Rezepte verwenden.

REZEPTE

Planetengesund kochen ist unkompliziert und einfach ... und braucht dank ein bisschen Planung und cleverer Vorbereitung nur wenig Zeit. Die Rezepte habe ich in neun Gemüsefamilien sortiert – vorab erfährst du in einem Steckbrief immer das Wichtigste zu Botanik, Klimabilanz und Nährstoffen, dann folgen passende Rezepte. Ausgewählt habe ich dabei vor allem solche Gemüsesorten, die heimisch, aber nicht mehr so populär sind und zu denen du spontan vielleicht nicht so viele Kochideen hast. Die Symbole zeigen dir, wann welches Gemüse Saison hat – unter jedem Rezept stehen dann Tipps für No Food Waste, Regrowing, Variationen und mehr.

Mit Salaten sind wir glücklicherweise rund ums Jahr gut versorgt. Im Sommer erfrischen uns knackige Blattsalate, Rucola oder junger Spinat. In der kalten Jahreszeit trotzen die Vertreter der Zichorien-Gruppe wie Endivie oder Radicchio den kalten Temperaturen. Weiterhin wächst auch Feldsalat bei uns auf schneefreien Flächen von September bis Januar. Rucola gedeiht dagegen hierzulande nur unter Glas, der Großteil in den Regalen stammt aus Italien. Der lange Transportweg trübt die CO_2-Bilanz.

VERWANDTE ♥

- ▸ Lattich-Gruppe: Kopfsalat, Eissalat, Batavia, Romana, Schnitt- und Pflücksalate (Eichblatt, Lollo rosso/biondo)
- ▸ Zichorien-Gruppe: Endivie, Chicorée, Radicchio
- ▸ Feldsalat (Baldriangewächs)
- ▸ Rucola (Kreuzblütengewächs)

NÄHRSTOFFE-BOOSTER ◎

Blattsalate enthalten viel Wasser und wenig Kalorien – ideal für alle, die eine leichte Küche bevorzugen. Blattsalate liefern viel Kalium und wenig Natrium, das tut unserem Stoffwechsel gut. Bitterstoffe helfen, Süßhunger zu bremsen und den Appetit anzuregen.

SAISON 🌷☀
Frühling // Sommer

CO_2-FOOTPRINT CO₂
Feldsalat: 0,3 kg CO_2-eq/kg

TIPP

Wenn du einen frischen (!) Salatkopf im Ganzen gekauft hast, kannst du den restlichen Strunk wieder austreiben lassen: Dafür die äußeren Blätter nur so weit ablösen, dass noch ein paar wenige kleine Blätter am Strunk hängen. Den Strunk in eine Schüssel setzen und so viel Wasser dazugießen, dass nur der Strunkansatz im Wasser steht. Dann täglich das Wasser wechseln und auf die Wurzeln warten. Danach kannst Du die Pflänzchen in den Blumenkasten oder das Beet auspflanzen. Klappt besonders gut mit Romana, Lollo und Eichblattsalat.

REZEPT

WEITERE REZEPTE IM BUCH

▸ Blattsalat mit Rettich und Tempeh, Seite 38
▸ Frühlingssalat mit Erbsen und Beeren, Seite 36
▸ Salat-Mix mit Veggie-Patties aus Trester, Seite 40
▸ Brokkolipflanzerl mit Romanasalat, Seite 124

REGROWING ✿
gut möglich

FRÜHLINGSSALAT
MIT ERBSEN UND BEEREN

Für 2 Personen

200 g Frühlingserbsen
(noch in den Hülsen)
½ Salatkopf (z. B. von Kopfsalat,
Frisée, Romanasalat etc.)
1 gelbe Paprikaschote
1 kleiner Kohlrabi
1 kleine gelbe Zucchini
1 Bund Radieschen
2 Mini-Salatgurken
1 Salattomate
1 kleine Handvoll Brombeeren
(ersatzweise Beeren der Saison,
im Ausnahmefall Tiefkühlware)
100 ml Olivenöl
1 EL Apfelessig
1 TL Agavendicksaft
1 TL Dijon-Senf
Salz, Pfeffer aus der Mühle
je 2 EL gehackte Petersilie
und Minze

Aus den Basics

2 EL Gremolata (siehe Seite 157)

Zeitaufwand

Zubereitung: 25 Minuten

1. In einem Topf ausreichend Wasser aufkochen. Die Erbsen waschen, die Stielenden mit einem kleinen Messer abschneiden und die Erbsen mit den Fingern aus den Hülsen drücken. Die Erbsen in kochendem Wasser 1 bis 2 Minuten blanchieren, in ein Sieb abgießen, eiskalt abschrecken und abtropfen lassen.

2. Währenddessen vom Salat die äußeren Blätter entfernen, den Salat in die einzelnen Blätter teilen, waschen, trocken schleudern und in mundgerechte Stücke zupfen. Die Paprika längs halbieren, entkernen, waschen und in Streifen schneiden. Den Kohlrabi putzen und schälen, die Zucchini putzen und waschen, beides auf der Gemüsereibe in dünne Scheiben hobeln.

3. Radieschen, Gurken und Tomate putzen und waschen, dann in beliebige Stücke schneiden oder ebenfalls hobeln. Die Beeren verlesen, waschen und trocken tupfen. Alle Zutaten locker mischen und mit den Beeren auf Tellern anrichten.

4. Für das Dressing Öl, Essig, Agavendicksaft, Senf, Salz und Pfeffer mit einem Schneebesen gründlich verrühren. Dann mit den frisch gehackten Kräutern über den Salat geben. Zuletzt alles mit der Gremolata bestreuen.

No Food Waste

Aus dem Radieschengrün kannst du noch eine Suppe (siehe Seite 59) oder ein Pesto (analog zu Rezept Seite 96) herstellen.

Regrowing

Wurzelansätze von Salaten lassen sich wieder zum Sprießen bringen (siehe Seite 27).

Meal Prep

Die doppelte Menge Salat zubereiten und am nächsten Tag essen oder für unterwegs mitnehmen.

BLATTSALAT
MIT RETTICH UND TEMPEH

Für 2 Personen

1 Tempeh mit Kräutern
(ca. 200 g)
1 EL Sojasauce
1 TL geröstetes Sesamöl
½ TL Agavendicksaft
1 Rettich
3 Radieschen
2 TL Ume Su (vegane Würzsauce;
ersatzweise Sauermilch)
3 Stiele Dill
1 kleiner Kopfsalat
1 kleiner säuerlicher Apfel
1 EL Rapsöl

Aus den Basics

3 EL Honig-Senf-Dressing
(siehe Seite 164)
2 EL Zwiebel-Confit
(siehe Seite 160)

Zeitaufwand

Zubereitung: 25 Minuten
Marinieren: 1 Stunde

1. Den Tempeh in 8 Stücke schneiden. Sojasauce, Sesamöl und Agavendicksaft in einer Schüssel verrühren und den Tempeh darin etwa 1 Stunde marinieren.

2. Inzwischen den Rettich und die Radieschen putzen, waschen und auf der Gemüsereibe in sehr dünne Scheiben hobeln. Beides in einer Schüssel mit der Ume Su marinieren. Den Dill waschen, trocken tupfen, fein hacken und unter den Rettich-Radieschen-Mix heben.

3. Vom Kopfsalat die äußeren Blätter entfernen. Den Salat in die einzelnen Blätter teilen, waschen, trocken schleudern und in mundgerechte Stücke zupfen. Den Apfel waschen, vierteln, das Kerngehäuse entfernen und die Viertel auf der Gemüsereibe grob raspeln oder in Stifte schneiden. Mit dem Salat in einer Salatschüssel mischen und mit dem Dressing beträufeln.

4. Eine Pfanne erhitzen, das Rapsöl hineingeben und den marinierten Tempeh darin bei mittlerer Hitze rundum knusprig braten. Nach etwa 2 Minuten Garzeit das Zwiebel-Confit dazugeben und ebenfalls kurz erwärmen.

5. Zum Servieren den Salat-Apfel-Mix auf Tellern anrichten, daneben die marinierten Rettich- und Radieschenscheiben und den Tempeh mit Zwiebel-Confit anrichten.

So wird's veggie oder flexi
Verwende Hähnchenbrustfilet oder Feta/Halloumi statt Tempeh sowie Sauermilch statt Ume Su.

No Food Waste
Falls du ein ganzes Bund Radieschen gekauft hast: Die übrigen Radieschen einfach snacken oder für die Kohlrabirohkost verwenden – hier kommen auch die Radieschenblätter zum Einsatz.

Tausch doch
Geht genauso mit Tofu statt Tempeh, auch das Marinieren.

SALAT-MIX
MIT VEGGIE-PATTIES AUS TRESTER

Für 2 Personen

2 Schalotten
1 Knoblauchzehe
80 g Shiitakepilze
2 Zweige Thymian
1 Glas weiße Bohnen
(240 g Abtropfgewicht)
1 EL Kapern
1 EL Rapsöl
300 g Rotkohl-Trester
(siehe Seite 43)
½ TL Salz
Pfeffer aus der Mühle
50 g Panko (asiat. Paniermehl)
3 EL Öl zum Ausbraten
½ kleiner Radicchio
2 Handvoll Feldsalat (ersatzweise
gemischte Pflücksalate, z. B. Eichblatt, Lollo rosso oder biondo)

Aus den Basics

4 EL Honig-Senf-Dressing
(siehe Seite 164)

Zeitaufwand

Zubereitung: 25 Minuten
Garen: 15 Minuten

1. Schalotten und Knoblauch schälen und fein würfeln. Die Pilze putzen und, falls nötig, trocken abreiben, dann klein hacken. Den Thymian waschen, trocken tupfen und die Blätter abzupfen. Die Bohnen in einem Sieb abbrausen und abtropfen lassen. Die Kapern abtropfen lassen und klein hacken.

2. Eine beschichtete Pfanne erhitzen, das Rapsöl dazugeben und Schalotten, Knoblauch, Pilze und Thymian darin etwa 5 Minuten andünsten. Die Bohnen mit dem Trester in eine Schüssel geben und mit dem Kartoffelstampfer zu einer groben Masse stampfen. Das angedünstete Gemüse, Kapern, Salz und Pfeffer dazugeben und alles zu einer klebrigen Masse verarbeiten.

3. Den Backofen auf 150 °C (Umluft) vorheizen. Aus der Masse mit angefeuchteten Händen 4 Patties (à ca. 110 g) formen. Jedes Patty rundum im Panko wälzen und in der Pfanne im Öl bei mittlerer Hitze auf jeder Seite etwa 3 Minuten braten. Herausnehmen und in eine Auflaufform setzen, dann im Ofen auf der mittleren Schiene noch etwa 15 Minuten fertig garen. Herausnehmen und vor dem Servieren etwas abkühlen lassen.

4. Inzwischen vom Radicchio die äußeren Blätter entfernen, den Salat in die einzelnen Blätter teilen, waschen, trocken schleudern und in mundgerechte Stücke zupfen. Den Feldsalat verlesen, waschen und trocken schleudern. Die Salate mit dem Dressing mischen und mit den Veggie-Patties auf Tellern anrichten.

Für den Vorrat
Die Patties halten sich im Kühlschrank bis zu 5 Tage.

Meal Prep
Doppelte Menge an Patties zubereiten und einfrieren.

Tausch doch
Du kannst die Patties genauso aus Kichererbsen (aus dem Glas) statt aus weißen Bohnen herstellen.

ROTKOHL & WEISSKOHL

Kohl ist gesund! Es gibt ihn in vielen Varianten auch in der kalten Jahreszeit bei uns – direkt vom Feld auf den Tisch! Botanisch lassen sich alle Kohlsorten auf den Wildkohl zurückführen, der von der europäischen Mittelmeer- und Atlantikküste stammt. Rot- und Weißkohl bilden im Laufe des Wachstums einen festen Kopf mit fleischigen Blättern. Schneidet man den harten Strunk weg, kann man die Blätter roh essen – am besten in feinen Streifen und mariniert. Das Salz in der Marinade macht die Blätter mürbe.

VERWANDTE ♥

▶ Spitzkohl (Saison nur Mai bis November!)
▶ Alle weiteren Kohlsorten

NÄHRSTOFFE-BOOSTER ◎

In allen Kohlsorten stecken viele Vitamine, Mineralstoffe, Ballaststoffe sowie sekundäre Pflanzenstoffe wie Senföle und Glucosinolate, die das Risiko für bestimmte Krebserkrankungen senken. Dafür liefern sie kaum Kalorien. Rotkohl hat viel Vitamin E und C, Eisen und Anthocyane (sekundäre Pflanzenstoffe). Weißkohl punktet mit Vitamin C, Zink, Ballaststoffen und antioxidativen Flavonoiden (sekundären Pflanzenstoffen).

SAISON 🌲 ❄
Herbst // Winter

CO_2-FOOTPRINT 🔲
Rotkohl: 0,2 kg CO_2-eq/kg // Weißkohl: 0,1 kg CO_2-eq/kg

ROTKOHLSAFT UND -TRESTER

Von 1 kleinem Rotkohl (750 g) die äußeren Blätter entfernen, den Kohl klein schneiden und entsaften. Wer keinen Entsafter hat, kann den Rotkohl mit etwas Wasser im Blitzhacker mixen, dann alles in ein Sieb abgießen und den Saft (ca. 200 ml) auffangen. Egal ob aus Entsafter oder Sieb – der zurückbleibende Trester (ca. 300 g) kann noch super verarbeitet werden (siehe rechts).

REZEPT

WEITERE REZEPTE IM BUCH

▶ Rotkohlschaumsuppe, Seite 46
▶ Rotkohlpfanne, Seite 48
▶ Rohkostsalat mit Rotkohl und Tahin-Dressing, Seite 44
▶ Dinkel-Risotto mit zweierlei Rotkohl, Seite 50
▶ Weißkohl-Quiche, Seite 52
▶ Weißkohl-Omelett mit Spinat und Feta, Seite 54
▶ Trester-Cracker, Seite 140

REGROWING ✿
nicht möglich

ROHKOSTSALAT
MIT ROTKOHL UND TAHIN-DRESSING

Für 2 Personen

Für den Salat
1 Apfel (z. B. Boskop)
abgeriebene Schale und Saft
von 1 Bio-Zitrone
1 kleine Salatgurke
2 Frühlingszwiebeln
je 100 g Rot- und Weißkohlstreifen
(Meal Prep, siehe Seite 31)
50 g Möhrenstreifen (Meal Prep,
siehe Seite 31)
2 EL getrocknete Sauerkirschen
½ TL Salz
1 TL vegane No-Fish-Sauce
(aus dem Bioladen) oder Colatura
di alici (ital. Sardellensauce)

Für das Dressing
50 ml Olivenöl
1 EL geröstetes Sesamöl
20 g heller Reisessig
15 g Agavendicksaft
(ersatzweise Apfel- oder
Birnendicksaft)
½ TL Dijon-Senf
1 TL Salz

Aus den Basics

50 g Tahin (siehe Seite 156)
4 Veggie-Patties mit Rotkohl-
Trester (siehe Seite 40)

Zeitaufwand

Zubereitung: 20 Minuten

1. Für den Salat den Apfel waschen, halbieren und das Kerngehäuse entfernen. Die Apfelhälften auf der Gemüsereibe in dünne Scheiben hobeln und sofort mit Zitronenschale und -saft mischen, damit sich die Scheiben nicht bräunlich verfärben.

2. Die Gurke putzen, waschen und ebenfalls auf der Gemüsereibe in dünne Scheiben hobeln. Die Frühlingszwiebeln putzen, waschen und schräg in dünne Ringe schneiden.

3. In einer Salatschüssel Apfel, Gurke und Frühlingszwiebeln mit den Rot-, Weißkohl- und Möhrenstreifen mischen. Die Sauerkirschen unterheben und alles mit dem Salz und der No-Fish-Sauce oder Colatura di alici abschmecken.

4. Für das Dressing beide Ölsorten in einer Schüssel mit dem Tahin mit einem Schneebesen gründlich verrühren. Essig, Dicksaft, Senf und Salz dazugeben und ebenfalls gut untermischen.

5. Zum Servieren den Salat mit dem Dressing mischen und auf Tellern anrichten. Die Veggie-Patties daraufsetzen.

So wird's vegan
Verwende die No-Fish-Sauce, Colatura ist aus Fisch hergestellt.

No Food Waste
Aus dem Kerngehäuse von Äpfeln lässt sich noch ein leckerer Apfeltee herstellen.

Meal Prep
Doppelte Menge Salat zubereiten und am nächsten Tag essen oder für unterwegs mitnehmen.

ROTKOHLSCHAUMSUPPE
MIT LAUCH UND KOKOSMILCH

Für 2 Personen

6 Schalotten
100 g Lauch (nur der weiße Teil,
Rest für das grüne Lauchöl von
Seite 143 verwenden)
3 Zweige Thymian
1 EL Rapsöl
1 EL vegane Butter
2 Lorbeerblätter
frisch geriebene Muskatnuss
Salz, Pfeffer aus der Mühle
¼ l ungesüßte Kokosmilch

Aus den Basics

200 ml Saft von 1 kleinen Rotkohl
(ca. 750 g)
½ l Gemüsebrühe (siehe Seite 158
oder Bio-Gemüsebrühe)

Zeitaufwand

Zubereitung: 30 Minuten

1. Die Schalotten schälen und in feine Würfel schneiden. Den Lauch putzen, waschen und grob zerkleinern. Den Thymian waschen und trocken tupfen.

2. Das Öl und die Butter in einem Topf erhitzen und Schalotten und Lauch darin farblos andünsten. Den Rotkohlsaft und die Brühe dazugießen. Alles mit Lorbeerblättern, Thymianzweigen, Muskatnuss, ½ TL Salz und Pfeffer würzen und offen etwa auf die Hälfte einkochen lassen.

3. Anschließend den Ansatz durch ein Sieb gießen und die Suppe auffangen, die ganzen Kräuter wieder entfernen. Die Suppe mit der Kokosmilch verfeinern, nochmals erhitzen und mit Salz und Pfeffer würzig abschmecken.

4. Zum Servieren die Suppe mit dem Stabmixer schaumig aufschlagen und auf tiefe Teller oder Schalen verteilen. Wer will, garniert die Suppe noch mit Kohlrabi-Microgreens. Dazu passen auch die Trester-Cracker von Seite 140.

So wird's veggie
Verwende Butter und Sahne aus Kuh- oder Schafmilch.

No Food Waste
Aus dem Rest vom entsafteten Rotkohl (Trester) kannst du Patties (siehe Seite 40) oder Cracker (siehe Seite 140) herstellen

Regrowing
Wurzelansätze von Lauch und Schalotte lassen sich wieder zum Sprießen bringen (siehe Seite 27).

ROTKOHLPFANNE
MIT PETERSILIENWURZELSTAMPF

Für 2 Personen

375 g mehligkochende Kartoffeln
375 g Petersilienwurzeln
50 g Sahne
1 EL vegane Butter
½ TL Salz
1 kleine rote Zwiebel
1 EL Rapsöl
200 g Rotkohlstreifen (Meal Prep,
siehe Seite 31)
¼ TL gemahlener Koriander
Pfeffer aus der Mühle

Aus den Basics

1 EL Gemüsepaste (siehe Seite 56)
4 EL Wirsing-Crunch
(siehe Seite 73)

Zeitaufwand

Zubereitung: 30 Minuten

1. Die Kartoffeln und die Petersilienwurzeln putzen, schälen und in kleine Würfel schneiden. In einem Topf mit Wasser bedecken, mit geschlossenem Deckel aufkochen und etwa 12 Minuten weich garen. Anschließend abgießen und kurz ausdampfen lassen. Kartoffeln und Petersilienwurzeln mit dem Kartoffelstampfer zerdrücken. Dann Sahne, Butter und ¼ TL Salz unterrühren.

2. Die Zwiebel schälen und in feine Würfel schneiden. Das Öl in einer beschichteten Pfanne erhitzen und die Zwiebel darin andünsten. Rotkohlstreifen, Gemüsepaste, Koriander, restliches Salz und etwas Pfeffer dazugeben und alles bei mittlerer Hitze noch etwa 7 Minuten garen.

3. Zum Servieren den Stampf auf Tellern anrichten und mit je 2 EL Wirsing-Crunch garnieren. Das Rotkohlgemüse danebensetzen.

So wird's vegan
Verwende Soja Cuisine statt Sahne.

Regrowing
Übrig gebliebene oder schon ausgetriebene Kartoffeln kannst du wieder in die Erde setzen – egal ob auf deinem Balkon oder in deinem Gemüsegarten ins Beet (siehe Seite 27).

Meal Prep
Doppelte Menge vom Stampf kochen und für die Wirsingrouladen von Seite 76 verwenden.

Tausch doch
Statt Wirsing-Crunch kannst du auch getrockneten Rotkohl-Trester über den Stampf streuen. Dafür den Trester vom Entsaften (siehe Seite 43) auf einem Backblech ausbreiten und im Backofen bei 60 °C oder im Dehydrator etwa 8 Stunden trocknen.

DINKEL-RISOTTO
MIT ZWEIERLEI ROTKOHL

Für 2 Personen

Für das Risotto
2 Schalotten
1 Knoblauchzehe
1 EL vegane Butter
1 EL Rapsöl
100 g Risotto-Reis
100 ml Weißwein
1 EL Apfelessig
2 Zweige Thymian
60 g Rotkohl-Trester
(siehe Seite 43)
1 TL Salz
frisch geriebene Muskatnuss

Für das Topping
1 kleine rote Zwiebel
1 EL Rapsöl
150 g Rotkohlstreifen
(Meal Prep, siehe Seite 31)
2 EL brauner Zucker
¼ TL Fünfgewürzpulver
½ TL Salz

Aus den Basics

700 ml Gemüsebrühe (siehe
Seite 158 oder Bio-Gemüsebrühe)
200 g gekochter Dinkel
(siehe 167)
3 EL Kürbis-Pickles (siehe Seite 162)

Zeitaufwand

Zubereitung: 10 Minuten
Garen: 25 Minuten

1. Für das Risotto Schalotten und Knoblauch schälen, in feine Würfel schneiden und in einem Topf in Butter und Öl andünsten. Den Risotto-Reis dazugeben und etwa 3 Minuten unter Rühren andünsten. Alles mit Wein und Essig ablöschen und die Flüssigkeit etwa auf ein Drittel einkochen lassen.

2. Inzwischen den Thymian waschen, trocken tupfen, die Blätter abzupfen und fein hacken. Das Risotto mit der Brühe aufgießen, den Trester dazugeben und den Thymian einstreuen. Das Risotto offen bei schwacher Hitze noch etwa 25 Minuten köcheln lassen, dabei nach etwa 15 Minuten den gegarten Dinkel hinzufügen. Anschließend alles mit Salz und Muskatnuss abschmecken.

3. Währenddessen für das Topping die Zwiebel schälen, fein würfeln und in einer Pfanne im Öl andünsten. Die Rotkohlstreifen dazugeben und mit Zucker, Fünfgewürzpulver und Salz würzen. Den Kohl noch etwa 8 Minuten rösten.

4. Zum Servieren das Dinkel-Risotto auf tiefe Teller oder Schalen verteilen und den Rotkohl und die Kürbis-Pickles darauf anrichten.

Regrowing

Wurzelansätze von Schalotten lassen sich wieder zum Sprießen bringen (siehe Seite 27), Knoblauch mit grünem Trieb kannst du einfach in einen Blumentopf/-kasten oder ins Beet pflanzen.

Meal Prep

Das Risotto in der doppelten Menge kochen und am nächsten Tag zum Essen nochmals kurz erwärmen.

Tausch doch

Das Topping kannst du nach Belieben variieren. Es passt genauso Grünkohl oder Wirsing statt Rotkohl!

WEISSKOHL-QUICHE
MIT BUNTEN GEMÜSERESTEN

**Für 1 Springform
(26 cm Durchmesser, 6 Personen)**

Öl für die Form
1 Quiche-Teig (Fertigprodukt)
300 g Weißkohlstreifen
(Meal Prep, siehe Seite 31)
Salz
je 100 g Wirsing- und Möhrenstreifen (Meal Prep, siehe Seite 31)
100 g Frühlingszwiebelreste
300 g Soja Cuisine
3 Eier
180 g geriebene vegane
Käse-Alternative
¼ TL ganzer Kümmel
frisch geriebene Muskatnuss
Pfeffer aus der Mühle

Aus den Basics

1 EL Gemüsepaste (siehe Seite 56)
4 EL Rote-Zwiebel-Pickles
(siehe Seite 162)

Zeitaufwand

Zubereitung: 15 Minuten
Backen: 40 Minuten
Abkühlen: 15 Minuten

1. Den Backofen auf 180 °C (Umluft) vorheizen. Die Springform mit Öl einfetten und mit dem Teig auskleiden.

2. Die Weißkohlstreifen in Salzwasser etwa 2 Minuten blanchieren. In ein Sieb abgießen, eiskalt abschrecken und gut abtropfen lassen. (100 g für das Omelett von Seite 54 abnehmen!)

3. Ebenso Wirsing und Möhren in Salzwasser etwa 2 Minuten blanchieren. In ein Sieb abgießen, eiskalt abschrecken und gut abtropfen lassen. Die Frühlingszwiebelreste fein hacken.

4. Für den Guss Soja Cuisine, Eier, geriebenen Käse, Gemüsepaste, 1 TL Salz und Gewürze in einer Schüssel mit einem Schneebesen verquirlen. Die Frühlingszwiebeln unterrühren.

5. Die Gemüsestreifen flach auf dem Teig verteilen und den Eierguss gleichmäßig darüber verteilen. Die Quiche im Ofen auf der mittleren Schiene etwa 40 Minuten backen.

6. Die Quiche herausnehmen und auf einem Kuchengitter etwa 15 Minuten abkühlen lassen. Dann in Stücke schneiden und auf Tellern anrichten. Die Rote-Zwiebel-Pickles daraufsetzen. Die Quiche lässt sich hervorragend portionsweise einfrieren. Zum Servieren im Kühlschrank auftauen lassen und im Backofen bei 100 bis 120 °C (Umluft) etwa 15 Minuten aufwärmen.

So wird's veggie

Verwende Sahne aus Kuhmilch statt Soja Cuisine und Hartkäse statt der veganen Käse-Alternative.

Meal Prep

Du blanchierst hier gleich eine größere Menge Weißkohlstreifen. Dann einen Teil der Weißkohlstreifen (ca. 100 g) abnehmen und für das Omelett von Seite 54 verwenden.

Tausch doch

Statt Pickles passt auch ein frischer Salat zur Quiche.

WEISSKOHL-OMELETT
MIT SPINAT UND FETA

Für 2 Personen

100 g Weißkohlstreifen
(Meal Prep, siehe Seite 31)
6 Eier
1 kleine Handvoll junger Spinat
50 g vegane Feta-Alternative
1 TL vegane Butter
½ TL Salz

Aus den Basics

1 EL Oliven-Tapenade
(siehe Seite 155)

Zeitaufwand

Zubereitung: 25 Minuten

1. Die Weißkohlstreifen in einem Topf in Salzwasser etwa 2 Minuten blanchieren. Danach in ein Sieb abgießen, eiskalt abschrecken und gut abtropfen lassen. (Alternativ den blanchierten Weißkohl vom Rezept Seite 52 verwenden.)

2. Die Eier in einer Schüssel gründlich verquirlen. Den Spinat verlesen, waschen und trocken tupfen. Den Feta in Würfel schneiden.

3. Die Butter in einer beschichteten Pfanne bei mittlerer Hitze zerlassen und den blanchierten Weißkohl darin etwa 3 Minuten andünsten. Mit Salz würzen, herausnehmen und beiseitestellen.

4. Dann die verquirlten Eier in die noch heiße Pfanne geben, die Pfanne einmal schwenken und die Eiermischung darin gleichmäßig verteilen. Die beiseitegestellten Weißkohlstreifen darüberstreuen und das Omelett mit geschlossenem Deckel bei schwacher bis mittlerer Hitze 7 bis 10 Minuten stocken lassen. Dabei nach etwa 5 Minuten Spinat und Feta auf dem Omelett verteilen.

5. Zum Servieren das Omelett halbieren und jede Hälfte auf einen Teller gleiten lassen. Mit der Oliven-Tapenade garnieren.

So wird's veggie
Verwende Butter und Feta aus Kuh- oder Schafmilch.

Für den Vorrat
Hält sich im Kühlschrank 1 Tag.

Tausch doch
Das Omelett geht genauso mit anderem Gemüse statt Weißkohl – zum Beispiel mit Rotkohl oder Wirsing oder auch Wurzelgemüse!

NO FOOD
WASTE

PASTE AUS GEMÜSEABFÄLLEN

Zugegeben, beim Putzen von Gemüse fallen viele Schalen und Randstücke ab. Da lobe ich mir meine Gemüsepaste, in der all das noch Verwendung findet, was sonst wahrscheinlich in der Tonne oder auf dem Kompost landet. Du darfst ruhig mutig sein und nehmen, was anfällt und übrig bleibt. Wer es schärfer oder mit richtig Pep mag, erhöht den Ingweranteil.

Für 1 Glas (ca. 150 g)

200 g Gemüseschalen (z. B. von Ingwer, Zwiebeln, Möhren, Pastinaken etc.) und/oder Gemüseabschnitte (z. B. von Lauch, Fenchel, Pilzen, Kohlgemüse, Ingwer etc.)
1 EL Rapsöl
2 TL Sojasauce
1 EL Salz
1 TL brauner Zucker

Zeitaufwand

Zubereitung: 15 Minuten | Garen: 30 Minuten

Die Gemüseschalen und -abschnitte sollten geputzt und gewaschen sein, dann in der Küchenmaschine klein häckseln. Einen beschichteten Topf erhitzen und das Rapsöl hineingeben. Das gehäckselte Gemüse darin etwa 25 Minuten goldgelb rösten, dabei immer wieder umrühren. Am Ende der Garzeit Sojasauce, Salz und Zucker unterheben und alles noch etwa 3 Minuten unter Rühren garen, sodass sich der Zucker auflöst. Die Gemüsepaste in ein sterilisiertes Glas füllen. Im Kühlschrank hält sie sich etwa 2 Wochen. Die Paste ergibt eine gute Brühe (ca. 1½ EL Paste auf ½ l Wasser geben) und würzt so gegartes Gemüse, Saucen und Dressings.

KNOLLENGEMÜSE

Von wegen olle Knolle! Die Kugeln haben es in sich. Zum einen der weiße Knollensellerie – frisch geraspelt versorgt er dich auch im Winter mit frischer Würze. Erst recht zeigt der Sellerie seine Vielseitigkeit jedoch gegart – egal ob als Suppe, Püree, Wedges oder wenn du ein leckeres Gemüse als Hauptzutat für ein Veggie-Gericht suchst. Weitere beliebte Knollen sind der Kohlrabi, hier essen wir die verdickte, oberirdisch wachsende Sprossknolle einer Kohlart. Und schließlich wären da noch Mairübchen und Radieschen.

VERWANDTE ♥

▶ Staudensellerie – hier spielen die Stiele die Hauptrolle – sie sind fleischig, schmecken würzig und haben kleine Blätter, die Wurzelknolle an sich bleibt klein. Erntezeit bei uns im Sommer.
▶ Kohlrabi
▶ Mairüben, Speiserüben
▶ Radieschen

NÄHRSTOFFE-BOOSTER ◎

Knollensellerie enthält nennenswerte Mengen an Vitamin K und B-Vitaminen (v. a. Vitamin B_6) sowie den Mineralstoffen Kalzium, Eisen und Kalium. Zudem liefert Knollensellerie viele Ballaststoffe, ätherische Öle (z. B. Phthalide, wirken beruhigend und krampflösend) und sekundäre Pflanzenstoffe (das Flavonglykosid Apiin). Kohlrabi punktet mit Vitamin C und K, Folsäure und Mineralstoffen wie Kalium und Kalzium sowie mit Senfölen (sekundären Pflanzenstoffen).

SAISON 🌳 ❄
Herbst // Winter (Knollensellerie)

CO₂-FOOTPRINT (CO₂)
Knollensellerie: 0,2 kg CO_2-eq/kg
Kohlrabi: 0,2 kg CO_2-eq/kg

RADIESCHENGRÜNSUPPE

Die Blätter von 1 Bund Radieschen waschen und in den Mixer geben. 150 g Lauchringe in einem Topf in 2 EL Rapsöl andünsten, mit Salz, 1 EL Hefeflocken und Muskatnuss würzen. 600 ml Gemüsebrühe dazugießen, alles aufkochen und auf die Hälfte einkochen lassen. 200 g Soja Cuisine hinzufügen, alles aufkochen und heiß über das Radieschengrün gießen. Die Suppe im Mixer bis auf höchste Stufe mixen, abschmecken und noch heiß genießen. Dazu passen Rosinen als Einlage und Hanfsamen oder Haselnusssplitter als Topping.

REZEPT

WEITERE REZEPTE IM BUCH

▶ Kohlrabirohkost mit Gemüsegrün-Dressing, Seite 60
▶ Waldorfsalat im Algen-Tortilla-Wrap, Seite 62
▶ Kräuterbrote mit geröstetem Kohlrabi, Seite 64
▶ Selleriesteaks aus dem Ofen mit Kartoffel-Lauch-Sauce, Seite 66
▶ Ofenselleriesalat mit knusprigen Kartoffeln, Seite 68
▶ Mairüben-Rösti mit Tomaten-Spinat-Salat, Seite 70

REGROWING ❀
gut möglich

KOHLRABIROHKOST
MIT GEMÜSEGRÜN-DRESSING

Für 2 Personen

5 Kohlrabiblätter (siehe unten)
5 Radieschenblätter (siehe unten)
2 EL Apfelessig
1 EL Apfelsüße
50 ml Olivenöl
1 TL Zitronensaft
1 TL Dijon-Senf
½ TL Salz
Pfeffer aus der Mühle
2 Kohlrabi
1 Bund Radieschen
2 Mini-Salatgurken
6 Stiele Brunnenkresse

Aus den Basics

ggf. 4 EL Honig-Senf-Dressing
(siehe Seite 164)

Zeitaufwand

Zubereitung: 20 Minuten

1. Für das Dressing die Kohlrabi- und Radieschenblätter waschen und kurz mit kochend heißem Wasser überbrühen. Anschließend in ein Sieb abgießen, eiskalt abschrecken, die Blätter gut ausdrücken und in einen hohen Rührbecher geben.

2. Essig, Apfelsüße, Öl, Zitronensaft, Senf, Salz und Pfeffer hinzufügen und alles mit dem Stabmixer fein pürieren. (Alternativ das Honig-Senf-Dressing aus den Basics verwenden, siehe Seite 164).

3. Den Kohlrabi putzen und schälen, Radieschen und Gurken putzen und waschen, alles auf der Gemüsereibe in dünne Scheiben hobeln. (Alternativ auf der Reibe grob raspeln oder in der Küchenmaschine grob häckseln.)

4. Kohlrabi, Radieschen und Gurken in einer Salatschüssel mit dem Dressing gut mischen. Zum Servieren die Brunnenkresse verlesen, waschen und trocken tupfen. Den Salat auf Teller verteilen und mit der Brunnenkresse garnieren.

So wird's flexi

Serviere noch ein Fisch- oder Hähnchenbrustfilet zur Rohkost.

No Food Waste

Aus den Kohlrabischalen kannst du Mulch für deine Beete herstellen.

Meal Prep

Doppelte Menge an grünem Dressing zubereiten und im Kühlschrank für den nächsten Salat aufbewahren.

WALDORFSALAT
IM ALGEN-TORTILLA-WRAP

Für 2 Personen

400 g Knollensellerie
(geschält gewogen)
1 Apfel (z. B. Boskop)
abgeriebene Schale und Saft
von 1 Bio-Limette
120 g griech. Joghurt (10 % Fett)
30 g Mayonnaise
1 TL Salz
Pfeffer aus der Mühle
2 Handvoll junger Spinat
60 g vegane Feta-Alternative
4 Algen-Tortillafladen
(z. B. von Seamore; ersatzweise
Vollkorn-Tortillafladen)
3 EL Pekannüsse
3 EL Granatapfelkerne

Zeitaufwand

Zubereitung: 15 Minuten
Ziehen: 1 Stunde

1. Den geschälten Sellerie auf der Gemüsereibe in feine Streifen raspeln. Den Apfel waschen, vierteln und entkernen, die Viertel ebenfalls zu Streifen raspeln und sofort mit Limettenschale und -saft mischen, damit sich der Apfel nicht bräunlich verfärbt.

2. Joghurt, Mayonnaise, Salz und 1 Prise Pfeffer mischen und mit dem Sellerie unter den Apfel heben. Die Mischung abgedeckt im Kühlschrank etwa 1 Stunde ziehen lassen.

3. Inzwischen den Spinat verlesen, waschen und trocken schleudern. Den Feta in 4 Scheiben (à ca. 15 g) schneiden.

4. Zum Anrichten jeweils einen Tortillafladen auf die Arbeitsfläche legen und ein Viertel der Füllung im unteren Drittel daraufsetzen, ½ Handvoll Spinat und 1 Scheibe Feta darauflegen. Die Füllung mit Pekannüssen und Granatapfelkernen bestreuen, dabei unten links und rechts Platz zum Einschlagen lassen.

5. Beide Seiten zur Mitte falten, dann den unteren Teil zur Mitte einschlagen und den Wrap kompakt aufrollen. Sofort servieren.

So wird's veggie
Verwende Feta aus Kuh- oder Schafmilch statt des veganen Produkts.

No Food Waste
Aus den Schalen vom Knollensellerie lässt sich noch eine Gemüse-paste (siehe Seite 56) herstellen oder eine Gemüsebrühe kochen (siehe Seite 158).

Tausch doch
Geht genauso mit veganen Dinkel-Tortillafladen. Die Füllung lässt sich natürlich ebenfalls variieren – schau, was im Kühlschrank ist!

KRÄUTERBROTE
MIT GERÖSTETEM KOHLRABI

Für 2 Personen

2 Kohlrabi
1–2 EL Rapsöl
¼ TL gemahlener Koriander
½ TL Salz
Pfeffer aus der Mühle
4 Scheiben Sauerteigbrot
1 Spritzer Olivenöl
2 EL vegane Butter
½ Bund Dill
½ Bund Schnittlauch
abgeriebene Schale von
1 Bio-Zitrone

Aus den Basics

1 EL karamellisierter Knoblauch
(siehe Seite 161)

Zeitaufwand

Zubereitung: 15 Minuten
Backen: 30 Minuten

1. Den Backofen auf 200 °C (Umluft) vorheizen. Ein Backblech mit einer Silikonbackmatte belegen.

2. Die Kohlrabi putzen, schälen und jeweils in 6 bis 8 Spalten schneiden. Auf dem Blech verteilen, mit Rapsöl beträufeln und mit Koriander bestreuen. Im Ofen auf der mittleren Schiene 25 bis 30 Minuten rösten. Danach herausnehmen, salzen und pfeffern.

3. Währenddessen die Brotscheiben mit etwas Olivenöl beträufeln und mit dem karamellisierten Knoblauch bestreichen. Dann im Ofen ebenfalls etwa 7 Minuten knusprig rösten. Aus dem Ofen nehmen, abkühlen lassen und mit veganer Butter bestreichen.

4. Zum Servieren Dill und Schnittlauch waschen, trocken tupfen, den Dill fein hacken, den Schnittlauch in feine Röllchen schneiden. Die Brote auf Tellern anrichten, dick mit den Kräutern bestreuen und mit den Kohlrabischeiben belegen. Die Zitronenschale am besten frisch darüberreiben.

No Food Waste

Aus Kohlrabischalen kannst du noch eine Gemüsepaste (siehe Seite 56) herstellen. Die feinen Kohlrabiblätter eignen sich für ein Dressing (siehe Seite 60).

Für den Vorrat

Die Kohlrabispalten halten sich im Kühlschrank bis zu 2 Wochen.

Meal Prep

Doppelte Menge Kohlrabispalten rösten und am nächsten Tag als Salat genießen.

SELLERIESTEAKS AUS DEM OFEN
MIT KARTOFFEL-LAUCH-SAUCE

Für 2 Personen

Für den Sellerie
1 kleine Sellerieknolle
3 EL Rapsöl
Salz
1 TL Schnittlauchröllchen

Für die Sauce
1 Schalotte
100 g Lauch (nur der weiße Teil,
Rest für das grüne Lauchöl von
Seite 143 verwenden)
60 g mehligkochende Kartoffel
30 g vegane Butter
2 EL Rapsöl
100 ml Weißwein
1 TL heller Reisessig
½ TL Agavendicksaft
Salz, Pfeffer aus der Mühle
frisch geriebene Muskatnuss

Aus den Basics

200 ml Gemüsebrühe (siehe
Seite 158 oder Bio-Gemüsebrühe)
2 EL grünes Lauchöl
(siehe Seite 143)

Zeitaufwand

Zubereitung: 25 Minuten
Backen: 2 Stunden

1. Für den Sellerie den Backofen auf 200 °C (Umluft) vorheizen. Die Sellerieknolle putzen und mit der Gemüsebürste gründlich waschen, den Wurzelansatz von Erdresten befreien. Die Knolle rundum mit 2 EL Rapsöl und 1 TL Salz einreiben, in eine Auflaufform setzen und im Ofen auf der mittleren Schiene etwa 2 Stunden goldbraun backen. (Achtung: Je nach Ofen und Größe der Knolle variiert die Garzeit!) Herausnehmen und abkühlen lassen.

2. Währenddessen für die Sauce die Schalotte schälen und fein würfeln. Den Lauch putzen, waschen und klein würfeln. Die Kartoffel waschen, schälen und klein würfeln. In einer Pfanne Butter und Öl zerlassen und Schalotte, Lauch und Kartoffelwürfel darin farblos andünsten. Wein und Essig dazugießen und vollständig einkochen lassen. Mit der Brühe aufgießen, Agavendicksaft und ½ TL Salz hinzufügen und alles so lange köcheln lassen, bis die Kartoffelwürfel weich sind. Die Sauce mit dem Stabmixer fein pürieren, mit Salz, Pfeffer und Muskatnuss würzen, warm halten.

3. Inzwischen ein Backblech mit einer Silikonbackmatte belegen. Die abgekühlte Sellerieknolle halbieren und eine Hälfte in etwa 2 cm dicke Scheiben schneiden (Rest anderweitig verwenden). Die Scheiben auf dem Blech verteilen, mit übrigem Öl bestreichen und im Ofen nochmals etwa 10 Minuten goldbraun backen.

4. Zum Servieren jeweils etwas heiße Sauce auf tiefe Teller geben. Die Selleriesteaks aus dem Ofen nehmen und auf die Sauce setzen, zuletzt alles mit grünem Öl und Schnittlauch garnieren.

No Food Waste

Der übrige gebackene Knollensellerie ergibt einen leckeren Salat, wenn er fein gehobelt und mariniert wird (siehe Seite 68).

Regrowing

Wurzelansätze von Lauch und Schalotte lassen sich wieder zum Sprießen bringen (siehe Seite 27).

Tausch doch

Einfach die Basic-Tomatensauce (siehe Seite 159) dazu servieren!

OFENSELLERIESALAT
MIT KNUSPRIGEN KARTOFFELN

Für 2 Personen

Für den Sellerie
½ ofengebackener Sellerie
(siehe Seite 66)
1 TL Schnittlauchröllchen

Für die Kartoffeln
800 g vorwiegend festkochende
Kartoffeln
1 Knoblauchzehe
3 Zweige Rosmarin
1 TL Salz
1 TL Natron
2 EL Rapsöl

Aus den Basics

3 EL Honig-Senf-Dressing
(siehe Seite 164)
2 EL Rote-Zwiebel-Pickles
(siehe Seite 162)
3 EL Kürbis-Pickles (siehe Seite 162)

Zeitaufwand

Zubereitung: 25 Minuten
Garen: 35 Minuten

1. Für den Sellerie den gebackenen Sellerie je nach Größe halbieren, dann auf der Asia- oder Gemüsereibe in sehr dünne Scheiben hobeln. In einer Schüssel mit dem Dressing mischen und bis zum Servieren durchziehen lassen.

2. Für die Kartoffeln den Backofen auf 200 °C (Umluft) vorheizen. Ein Backblech mit einer Silikonbackmatte belegen. Die Kartoffeln gründlich waschen und samt Schale in Spalten schneiden. Den Knoblauch schälen und in feine Würfel schneiden. Den Rosmarin waschen, trocken tupfen und die Nadeln abzupfen.

3. Die Kartoffelspalten in einem Topf in Salzwasser mit Natron aufkochen und etwa 3 Minuten weich garen. Die Kartoffeln in ein Sieb abgießen und kurz ausdampfen lassen, dabei im Sieb etwas schwenken, um die Oberfläche der Spalten anzurauen. Die Kartoffeln mit Öl, Knoblauch und Rosmarin mischen. Auf dem Blech verteilen und im Ofen auf der mittleren Schiene etwa 35 Minuten knusprig backen. Dabei nach der Hälfte der Backzeit wenden.

4. Zum Servieren den marinierten Sellerie auf Tellern anrichten, mit den Pickles belegen und mit dem Schnittlauch bestreuen. Die Kartoffeln aus dem Ofen nehmen und dazusetzen. Nach Belieben noch 2 EL spicy Kürbiskerne darüberstreuen.

Regrowing

Schnittlauch bildet schnell Wurzeln, wenn man ihn in ein Wasserglas stellt.

Für den Vorrat

Der marinierte Sellerie hält sich im Kühlschrank 3 bis 4 Tage.

Tausch doch

Genauso kannst du aus Süßkartoffeln knusprige Wedges zaubern. Ein Rezept dafür findest du auf Seite 89.

MAIRÜBEN-RÖSTI
MIT TOMATEN-SPINAT-SALAT

Für 2 Personen

350 g Mairüben
300 g mehligkochende gegarte
Pellkartoffeln (vom Vortag)
50 g geriebener Parmesan
2 EL zerlassene Butter
Salz, Pfeffer aus der Mühle
frisch geriebene Muskatnuss
1 EL Rapsöl
2 Salattomaten
1 kleine Handvoll junger Spinat
3 EL gehackte Petersilie
1 TL Olivenöl
1 Spritzer Zitronensaft
Salzflocken zum Garnieren

Aus den Basics

2 EL Zwiebel-Confit
(siehe Seite 160)

Zeitaufwand

Zubereitung: 30 Minuten

1. Die Mairüben putzen, schälen und auf der Gemüsereibe grob raspeln. Die Raspel auf ein sauberes Küchentuch geben und den Saft auspressen (den Vorgang mehrmals wiederholen). Die Kartoffeln pellen und ebenfalls auf der Gemüsereibe grob raspeln.

2. Mairüben- und Kartoffelraspel in eine Rührschüssel geben, geriebenen Parmesan und zerlassene Butter hinzufügen, alles mischen und die Masse mit Salz, Pfeffer und Muskatnuss würzen.

3. Das Rapsöl in einer beschichteten Pfanne (ca. 24 cm Durchmesser) erhitzen, die Rösti-Masse hineingeben, mithilfe eines Teigschabers in Form bringen und leicht andrücken. Die Rösti bei mittlerer Hitze etwa 10 Minuten braten. Anschließend auf einen flachen Teller gleiten lassen und dann gewendet wieder in die Pfanne setzen. Die Rösti noch 8 bis 10 Minuten rösten.

4. Währenddessen die Tomaten waschen und in Spalten schneiden, dabei die Stielansätze entfernen. Den Spinat verlesen, waschen und trocken schleudern. Tomaten und Spinat mit Petersilie, Olivenöl und Zitronensaft in einer kleinen Schüssel locker mischen.

5. Zum Servieren die Rösti auf einen großen Teller gleiten lassen, mit dem Salat garnieren und mit Salzflocken bestreuen. Das Zwiebel-Confit dazu servieren.

So wird's vegan
Verwende Gremolata statt Parmesan und nimm vegane Butter.

No Food Waste
Aus den Resten von den Mairüben kannst du noch eine Gemüsepaste herstellen – falls nötig, erst mal im Kühlschrank oder Tiefkühlfach eine geeignete Menge Gemüsereste dafür sammeln.

Tausch doch
Für die Rösti könnt ihr im Prinzip jedes Wurzelgemüse mit knapp der Hälfte der gegarten Pellkartoffeln mischen!

WIRSING & GRÜNKOHL

Zwei schrecklich nette Verwandte? Wirsing und Grünkohl sind Vertreter der sogenannten Blätterkohl-sorten. Sie bilden zwar ebenfalls Köpfe aus wie der Weiß- und Rotkohl, allerdings sitzen die Blätter hier sehr locker am Strunk. Bei beiden kräuseln sich außerdem die grünen Blätter, die an festen Blatt-sprossen wachsen. Ganz roh sind die Blätter etwas schwer verdaulich, aber kurz blanchiert machen sie sich prima in Salat und Suppen, als Hülle für Veggie-Rouladen oder geröstet als Kale Chips.

VERWANDTE ♥

▶ Weitere Vertreter der Kohlfamilie

NÄHRSTOFFE-BOOSTER ◎

Beide Blattkohlsorten liefern reichlich Beta-Caro-tin (Provitamin A), B-Vitamine, Vitamin E, K und C sowie die Mineralstoffe Kalium, Kalzium und Eisen. Sie sind auch reich an Ballast- und sekun-dären Pflanzenstoffen (z. B. Flavonoide und Senf-ölglykoside).

SAISON 🍂 ❄

Herbst // Winter

CO_2-FOOTPRINT

Grünkohl roh: 0,3 kg CO_2-eq/kg

WIRSING-CRUNCH

Für 2 Personen etwa 6 Wirsingblätter waschen und gut trocken tupfen, dabei den harten Strunk herausschneiden. Die Blätter in etwa 5 mm dünne Streifen schneiden, mit ½ TL Salzflocken und 1 Prise Fünfgewürzpulver mischen. 300 ml Rapsöl in einem Topf oder einer Fritteuse auf 160 °C erhitzen. Die Streifen darin nach und nach jeweils etwa 30 Sekunden goldgelb frittieren, dabei immer sofort den Deckel schließen, da das Fett spritzen kann. Den Crunch herausnehmen und auf Küchenpapier abtropfen lassen, in der Gewürzmischung wenden. Das Fett kannst du noch mal verwenden. Geht auch mit Grünkohlblättern!

REZEPT

WEITERE REZEPTE IM BUCH

- ▶ Shiitake-Suppe mit Wirsing und Kokosmilch, Seite 74
- ▶ Wirsingrouladen mit Parmesan-Kartoffel-Füllung, Seite 76
- ▶ Gerösteter Wirsing mit Miso-Ingwer-Dressing, Seite 78
- ▶ Linsen-Pasta mit Wirsing und Pfifferlingen, Seite 80
- ▶ Grünkohlsalat mit Grapefruit und Granatapfel, Seite 82
- ▶ Grünkohl mit Ofenkürbis und Feta, Seite 84
- ▶ Grünkohl mit Räuchertofu auf Kürbispüree, Seite 86

REGROWING ✳
nicht möglich

SHIITAKE-SUPPE
MIT WIRSING UND KOKOSMILCH

Für 2 Personen

Für die Suppe
270 g Shiitakepilze
1 Zwiebel oder das Weiße vom
Lauch
1 Möhre
3 Zweige Thymian
1 EL vegane Butter
1 EL Rapsöl
1 TL Pilzpulver (aus Steinpilzen
oder Shiitake)
3–4 schöne Wirsingblätter
300 ml ungesüßte Kokosmilch
Salz, Pfeffer aus der Mühle
frisch geriebene Muskatnuss

Außerdem
700 ml Gemüsebrühe (siehe
Seite 158 oder Bio-Gemüsebrühe)
1 Handvoll Wirsing-Crunch
(siehe Seite 73)

Zeitaufwand

Zubereitung: 45 Minuten

1. Die Pilze putzen und, falls nötig, trocken abreiben, dann in Streifen schneiden. Die Zwiebel schälen und fein würfeln. Die Möhre putzen, gründlich waschen und klein würfeln. Den Thymian waschen, trocken tupfen, die Blätter abzupfen und fein hacken.

2. Butter und Öl in einem Topf zerlassen und die Shiitakepilze darin etwa 10 Minuten andünsten. Die Hälfte der Pilze aus dem Topf nehmen und zum Garnieren beiseitestellen.

3. Zwiebel, Möhre und Thymian zu den übrigen Pilzen in der Pfanne geben und alles noch etwa 10 Minuten dünsten, mit dem Pilzpulver würzen. Die Brühe dazugießen, alles aufkochen und offen bei mittlerer Hitze etwa 20 Minuten köcheln lassen.

4. Währenddessen die Wirsingblätter putzen, waschen und in Salzwasser kurz blanchieren. Dann in ein Sieb gießen, eiskalt abschrecken und abtropfen lassen. Die Blätter in etwa 2 cm große Fleckerl schneiden.

5. Die Suppe im Topf mit dem Stabmixer fein pürieren, die Kokosmilch untermischen und alles mit Salz, Pfeffer und Muskatnuss abschmecken. Zum Servieren die Suppe auf tiefe Teller oder Schalen verteilen und mit den beiseitegestellten Pilzen und den Wirsing-Fleckerln belegen. Mit dem Wirsing-Crunch garnieren.

So wird's veggie
Verwende Butter und Sahne aus Kuh- oder Schafmilch.

Regrowing
Falls du Möhren mit Grün bekommst, schneide die grünen Stiele etwa 2 cm unter dem Ansatz ab – dann die Möhrenreste einpflanzen und so wieder zum Sprießen bringen (siehe Seite 27).

Tausch doch
Die Pilzsuppe lässt sich genauso mit anderen Pilzen, die du bekommen kannst, zubereiten. Du kannst auch nicht benötigte Pilzstiele sammeln, tiefkühlen und mit diesem Rezept verarbeiten.

WIRSINGROULADEN
MIT PARMESAN-KARTOFFEL-FÜLLUNG

Für 2 Personen

4 große Wirsingblätter
Salz
600 g Kartoffel-Petersilienwurzel-
Stampf (Rest vom Stampf Seite 48)
10 g geriebener Parmesan
frisch geriebene Muskatnuss
Pfeffer aus der Mühle

Aus den Basics

1 Flasche Tomatensauce (ca. 400 g;
siehe Seite 159)

Zeitaufwand

Zubereitung: 15 Minuten
Dämpfen: 25 Minuten

1. Die Wirsingblätter in einem Topf in Salzwasser etwa 4 Minuten blanchieren. In ein Sieb abgießen, eiskalt abschrecken und gut abtropfen lassen, anschließend mit Küchenpapier trocken tupfen.

2. Für die Füllung den Stampf mit Parmesan, Muskatnuss und 1 Prise Pfeffer locker mischen. Jeweils 2 blanchierte Wirsingblätter auf der Arbeitsfläche übereinanderlegen. Mit einem Bienenwachstuch oder sauberen Küchentuch bedecken und mit dem Nudelholz einmal flach walzen.

3. Dann jeweils 2 Wirsingblätter überlappend nebeneinanderlegen (mit der schönen Seite der Blätter nach unten) und jeweils die Hälfte der Füllung daraufsetzen. Die Blätter von den kurzen Seiten her einschlagen und fest aufrollen, dabei die langen Seiten einschlagen. Die Rouladen, falls nötig, mit Küchengarn fixieren.

4. Die Wirsingrouladen im Dampfgarer mindestens 25 Minuten garen. (Wer keinen Dampfgarer zur Hand hat, kann auch einen großen Topf mit siedendem Wasser, Siebeinsatz oder Bambuskörbchen und Deckel verwenden.)

5. Zum Servieren die Tomatensauce erhitzen und auf Teller verteilen. Die Wirsingrouladen daraufsetzen und nach Belieben mit Basilikumblättern garnieren.

So wird's vegan

Verwende meine vegane Gremolata (siehe Seite 157) statt Parmesan, das schmeckt genauso würzig. Für das Aroma sind vor allem die Hefeflocken verantwortlich. Ich verwende sie aufgrund ihres deftig herzhaften Geschmacks gern in der pflanzlichen Küche, da sie käse- oder wurstähnliche Aromanuancen entstehen lassen können. Außerdem liefern Hefeflocken einiges an Vitamin B_{12}, das bei strikt veganer Ernährung in Mangel geraten kann.

Meal Prep

Doppelte Menge Rouladen kochen und einfrieren – zum Essen dann auftauen lassen und in der Sauce kurz erwärmen.

GERÖSTETER WIRSING
MIT MISO-INGWER-DRESSING

Für 2 Personen

Für den Wirsing
½ Wirsing
2 Knoblauchzehen
3 EL Rapsöl
1 TL Salz
Pfeffer aus der Mühle
½ TL gemahlener Koriander
2 EL Haselnussöl

Für das Dressing
2 Bio-Orangen
10 g Bio-Ingwer (mit Schale)
1 kleine Schalotte
1 EL heller Reisessig
1 EL helle Misopaste
1 EL Agavendicksaft

Aus den Basics

2 EL Sesam-Cashew-Mix
(siehe Seite 165)

Zeitaufwand

Zubereitung: 20 Minuten
Backen: 30 Minuten

1. Für den Wirsing den Backofen auf 200 °C (Umluft) vorheizen. Ein Backblech mit einer Silikonbackmatte belegen.

2. Die Wirsinghälfte putzen, waschen und halbieren. Die Viertel in Spalten schneiden, die jeweils am Strunk noch zusammenhängen. Das harte Ende vom Strunk jeweils schräg abschneiden. Den Knoblauch schälen und fein würfeln.

3. Die Wirsingspalten mit Rapsöl, Knoblauch, Salz, Pfeffer und Koriander würzen und auf dem Blech verteilen. Im Ofen auf der mittleren Schiene etwa 30 Minuten rösten.

4. Inzwischen für das Dressing die Orangen heiß waschen, abtrocknen und die Schale fein abreiben, die Orangen halbieren und auspressen. Den Ingwer samt Schale klein würfeln. Die Schalotte schälen und fein würfeln. Orangenschale und -saft in einem Topf aufkochen, Ingwer, Schalotte, Essig, Miso und Agavendicksaft dazugeben und alles offen etwa 7 Minuten auf die Hälfte einkochen lassen.

5. Zum Servieren den Wirsing aus dem Ofen nehmen und auf Teller verteilen. Mit dem Haselnussöl beträufeln und mit dem Dressing übergießen. Den Sesam-Cashew-Mix darüberstreuen.

Regrowing
Etwas vertrocknete Ingwerwurzeln kannst du ganz einfach wieder zum Sprießen bringen (siehe Seite 27).

Meal Prep
Doppelte Menge des Miso-Ingwer-Dressings zubereiten und am nächsten Tag für einen anderen Salat verwenden.

Tausch doch
Das Rezept geht genauso mit Auberginen, einfach halbieren und wie beschrieben im Ofen rösten.

LINSEN-PASTA
MIT WIRSING UND PFIFFERLINGEN

Für 2 Personen

½ Wirsing
100 g Pfifferlinge
1 Knoblauchzehe
5 Zweige Thymian
1 EL vegane Butter
1 TL helle Misopaste
2 TL Salz
¼ TL ganzer Kümmel
200 g Soja Cuisine
400 g Linsennudeln
(z. B. Penne)
1 EL Olivenöl
Salzflocken
Pfeffer aus der Mühle

Aus den Basics

200 ml Gemüsebrühe (siehe
Seite 158 oder Bio-Gemüsebrühe)
1 EL Gemüsepaste (siehe Seite 56)
2–4 TL grünes Lauchöl
(siehe Seite 143)

Zeitaufwand

Zubereitung: 30 Minuten

1. Den Wirsing putzen (die äußeren Blätter entfernen), den Rest waschen und halbieren, den harten Strunk entfernen. Den Wirsing in etwa 2 cm breite Streifen schneiden. Die Pfifferlinge gründlich putzen. Den Knoblauch schälen und fein würfeln. Den Thymian waschen, trocken tupfen, die Blätter abzupfen und fein hacken.

2. Eine beschichtete Pfanne erhitzen, die Butter darin zerlassen und Pilze, Knoblauch und Thymian etwa 7 Minuten leicht anrösten. Die Pilze aus der Pfanne nehmen und beiseitestellen.

3. Dann die Wirsingstreifen in der Pfanne kurz andünsten und mit der Brühe ablöschen. Die Gemüsepaste einrühren, Misopaste, 1 TL Salz und Kümmel dazugeben und alles mit geschlossenem Deckel noch 8 bis 10 Minuten dünsten. Die Soja Cuisine dazugießen und noch etwa 3 Minuten köcheln lassen.

4. Währenddessen reichlich Wasser in einem Topf aufkochen, das übrige Salz hinzufügen und die Linsennudeln darin nach Packungsanweisung bissfest garen (Achtung, das geht schneller als bei Nudeln aus Getreide!). Anschließend in ein Sieb abgießen und abtropfen lassen, dann mit Olivenöl verfeinern.

5. Zum Servieren Wirsing und Pilze auf die Linsennudeln geben und mit 1 Prise Salzflocken und Pfeffer würzen. Auf tiefe Teller oder Schalen verteilen und mit dem grünen Öl beträufeln.

Meal Prep

Doppelte Menge Pasta garen, kalt abschrecken und mit Olivenöl mischen. Am nächsten Tag als Salat zubereiten.

Tausch doch

Geht genauso mit jeder Pasta, die du liebst. Gut sind kleinere Formen, die die Sauce gut aufnehmen!

Tipp

Zweite Wirsinghälfte für den gerösteten Wirsing (siehe Seite 78) oder Wirsing-Crunch (siehe Seite 73) verwenden.

GRÜNKOHLSALAT
MIT GRAPEFRUIT UND GRANATAPFEL

Für 2 Personen

450 g Grünkohl (320 g geputzt)
Salz
2 EL griech. Joghurt (10 % Fett)
2 EL Traubenkernöl
Pfeffer aus der Mühle
1 Grapefruit
1 kleines Bund Koriandergrün
150 g Möhrenstreifen
(Meal Prep, siehe Seite 31)
3 EL Pekannüsse
3 EL Granatapfelkerne

Aus den Basics

100 ml Honig-Senf-Dressing
(siehe Seite 164)

Zeitaufwand

Zubereitung: 25 Minuten

1. Den Grünkohl putzen, die Blätter von den Rippen direkt in eine Schüssel mit kaltem Wasser streichen und gründlich waschen. Ausreichend Wasser mit 1 TL Salz in einem Topf aufkochen und den Grünkohl darin 2 bis 3 Minuten blanchieren. In ein Sieb abgießen, eiskalt abschrecken und gut abtropfen lassen, trocken tupfen. (120 g blanchierten Grünkohl für Seite 86 abnehmen.)

2. Für das Dressing den Joghurt in einer Schüssel mit Traubenkernöl und Honig-Senf-Dressing verrühren. Salzen und pfeffern.

3. Die Grapefruit filetieren: Dazu so großzügig schälen, dass auch die weiße Haut mit entfernt wird. Die Filets zwischen den einzelnen Trennhäuten herausschneiden. Den austretenden Saft auffangen und den Rest der Grapefruit gut ausdrücken. Den Saft unter das Dressing rühren.

4. Das Koriandergrün waschen, trocken tupfen und grob hacken. In einer Salatschüssel mit Grünkohl und Möhren mischen, das Dressing und die Grapefruitfilets unterheben.

5. Zum Servieren die Pekannüsse in einer Pfanne ohne Fett kurz rösten, herausnehmen und abkühlen lassen. Den Salat auf Teller verteilen und mit Pekannüssen und Granatapfelkernen bestreuen.

No Food Waste
Aus den Kernen der Grapefruit kannst du kleine Samen gewinnen und Pflanzen ziehen. Bis neue Früchte geerntet werden, dauert es natürlich.

Meal Prep
Gleich mehr Grünkohl blanchieren und einen Teil (ca. 120 g) für den Grünkohl mit Räuchertofu (siehe Seite 86) verwenden.

Tausch doch
Geht genauso mit Orangenfilets und Walnüssen.

GRÜNKOHL
MIT OFENKÜRBIS UND FETA

Für 2 Personen

2 große Muskatkürbisspalten
2 EL Rapsöl
½ TL Madras-Currypulver
300 g Grünkohl (220 g geputzt)
1 Knoblauchzehe
1 grüne Chilischote
50 g vegane Feta-Alternative
1 TL Salz

Aus den Basics

150 g gekochter Dinkel
(siehe Seite 167)
2 EL Oliven-Tapenade
(siehe Seite 155)

Zeitaufwand

Zubereitung: 20 Minuten
Garen: 1 Stunde

1. Den Backofen auf 190 °C (Umluft) vorheizen. Den Kürbis waschen und ggf. entkernen. Die Kürbisspalten auf das Blech legen, mit 1 EL Öl bestreichen und mit dem Curry bestäuben. Den Kürbis im Ofen auf der mittleren Schiene 50 bis 60 Minuten garen. Zum Ende der Garzeit mit einem Spieß testen, ob der Kürbis weich ist. (Die Schale kann mitgegessen werden.)

2. Währenddessen den Grünkohl putzen, die Blätter von den Rippen direkt in eine Schüssel mit kaltem Wasser streichen und darin gründlich waschen. Anschließend in der Salatschleuder trocken schleudern. Den Knoblauch schälen und fein würfeln. Die Chilischote längs halbieren, putzen, waschen und fein hacken. Den Feta in große Würfel schneiden.

3. Das übrige Öl im Wok erhitzen und Knoblauch und Chili darin kurz andünsten. Den Grünkohl dazugeben, salzen und 8 bis 10 Minuten dünsten. Dabei nach etwa 4 Minuten den veganen Feta einstreuen und mehrmals unterrühren.

4. Zum Servieren den gekochten Dinkel unter den Grünkohl-Feta-Mix rühren und alles auf Teller verteilen. Die Kürbisspalten aus dem Ofen nehmen und daneben anrichten. Alles mit der Oliven-Tapenade bestreuen.

So wird's veggie
Verwende Feta aus Kuh- oder Schafmilch.

No Food Waste
Aus den ausgelösten Kürbiskernen kannst du noch einen leckeren Snack rösten (siehe Seite 166).

Tausch doch
Geht genauso mit Wirsing statt Grünkohl!

GRÜNKOHL MIT RÄUCHERTOFU AUF KÜRBISPÜREE

Für 2 Personen

3 TL geröstetes Sesamöl
120 g blanchierter Grünkohl
(siehe Seite 82, Grünkohlsalat)
Salz
200 g geräucherter Tofu
2 TL Maisstärke
1 EL Sojasauce
1 Knoblauchzehe

Aus den Basics

400 g Kürbispüree (siehe Seite 131)

Zeitaufwand

Zubereitung: 25 Minuten

1. Im Wok 1 TL Sesamöl erhitzen und den blanchierten Grünkohl darin mit ½ TL Salz etwa 3 Minuten heiß anbraten. Aus der Pfanne nehmen und beiseitestellen.

2. Den Tofu in Würfel schneiden und rundum in der Maisstärke wälzen. Dann im noch heißen Wok in 1 TL Sesamöl von allen Seiten goldbraun braten. Die Sojasauce dazugeben, den Knoblauch schälen und dazupressen. Den Tofu im Wok schwenken und noch etwa 2 Minuten weiterbraten.

3. Zum Servieren das Kürbispüree in einem Topf bei mittlerer Hitze erwärmen, mit ½ TL Salz würzen und auf die Teller streichen. Den Grünkohl und den Räuchertofu daraufsetzen und alles mit dem restlichen Sesamöl beträufeln.

So wird's flexi

Verwende statt Räuchertofu ein Fisch- oder Hähnchenbrustfilet.

Meal Prep

Doppelte Menge Tofuwürfel rösten und am nächsten Tag über einen anderen Salat streuen.

Tausch doch

Geht genauso mit Wirsing oder Rosenkohlblättern statt Grünkohl!

WURZELGEMÜSE

Bei Wurzelgemüse denkt man wohl erst mal an Möhren – die klassischen Wurzeln, botanisch auch Rüben genannt. Zur Familie gesellen sich weitere Wurzeln in allen möglichen Farben hinzu (siehe unten). Bis auf Möhren und Rettich, die auch roh gut schmecken, solltest du aber alle anderen vor dem Essen garen. Die Wurzeln speichern reichlich Kohlenhydrate, teilweise schmecken sie sogar süß. Wenn du Möhren & Co. als Beilage servierst, schlägst du gleich „2 Fliegen mit 1 Klappe" – nämlich Gemüse und Sättigungsbeilage in einem.

VERWANDTE ♥

- ▶ Möhren
- ▶ Petersilienwurzeln
- ▶ Pastinaken
- ▶ Rettich
- ▶ Süßkartoffeln
- ▶ Schwarzwurzeln

NÄHRSTOFFE-BOOSTER ◎

Nicht umsonst spricht man beim Wurzelgemüse von sogenannten Speicherwurzeln. Und Möhren horten so einiges: An erster Stelle Beta-Carotin (Provitamin A) und Ballaststoffe, aber auch noch andere Vitamine, Mineral- und Vitalstoffe. Rettich liefert aufgrund des hohen Wassergehalts nur wenige Kalorien. Sein scharfer Geschmack kommt von den Senfölglykosiden, die auch anti-oxidativ wirksam sind.

SAISON 🍂 ❄
Herbst // Winter

CO_2-FOOTPRINT
Möhren: 0,1 kg CO_2-eq/kg
Rettich: 0,2 kg CO_2-eq/kg

SÜSSKARTOFFEL-WEDGES

Für 2 Personen den Backofen auf 190 °C (Umluft) vorheizen. Ein Backblech mit einer Silikonback- matte belegen. 1 Süßkartoffel putzen, waschen und in 4 dicke Scheiben schneiden (à ca. 2½ cm Breite). Die Scheiben nebeneinander auf das Blech setzen, mit 2 TL Rapsöl beträufeln und im Ofen auf der mittleren Schiene etwa 20 Minuten garen. Ergibt eine leckere Beilage – und funk- tioniert auch mit anderen Wurzelgemüsen wie Möhren, Pastinaken oder Schwarzwurzeln.

REZEPT

WEITERE REZEPTE IM BUCH

▶ Möhrensuppe mit Curry und Kokosmilch, Seite 90
▶ Möhren-Babaganoush, Seite 92
▶ Pasta mit Möhrencreme, Seite 93
▶ Geröstetes Gemüse mit Saiblingsfilet, Seite 94
▶ Möhren-Dinkel-Porridge aus dem Ofen, Seite 98
▶ Plant-based Möhrenkuchen, Seite 100

REGROWING ✿
gut möglich

MÖHRENSUPPE
MIT CURRY UND KOKOSMILCH

Für 4 Personen

½ Gemüsezwiebel
2 kleine Knoblauchzehen
400 g Bio-Möhren
2 kleine mehligkochende Kartoffeln
2 EL Rapsöl
1 TL Madras-Currypulver
200 ml Orangensaft
1 haselnussgroßes Stück Bio-
Ingwer (mit Schale; in Scheiben)
1 kleines Stück Bio-Kurkuma
(mit Schale; in Scheiben)
2 TL gemahlener Koriander
1 TL Salz
Pfeffer aus der Mühle
200 ml ungesüßte Kokosmilch

Aus den Basics

1 TL Gemüsepaste (siehe Seite 56)
1 l Gemüsebrühe (siehe Seite 158
oder Bio-Gemüsebrühe)

Zeitaufwand

Zubereitung: 10 Minuten
Garen: 15 Minuten

1. Zwiebel und Knoblauch schälen und in grobe Würfel schneiden. Die Möhren putzen, mit der Gemüsebürste gründlich waschen und in kleine Würfel schneiden. Die Kartoffeln putzen, schälen und in Würfel schneiden.

2. Das Öl in einem Topf erhitzen und Zwiebel, Knoblauch, Möhren und Kartoffeln darin etwa 3 Minuten andünsten. Currypulver und Gemüsepaste dazugeben und kurz mit andünsten. Alles mit Orangensaft und Brühe ablöschen. Die restlichen Zutaten – bis auf die Kokosmilch – dazugeben und alles mit geschlossenem Deckel bei mittlerer Hitze etwa 15 Minuten köcheln lassen.

3. Anschließend die Suppe im Topf mit dem Stabmixer fein pürieren. Die Kokosmilch dazugießen und alles nochmals kurz pürieren. Zum Servieren die Suppe auf tiefe Teller oder Schalen verteilen. Dazu passen Trester-Cracker (siehe Seite 140), die mit Möhren-Babaganoush (siehe Seite 92) bestrichen und mit Möhrengrün-Pesto (siehe Seite 96) garniert sind.

So wird's veggie

Verwende Sahne aus Kuh- oder Schafmilch.

Regrowing

Wurzelansätze der Kurkuma kannst du ganz einfach wieder zum Sprießen bringen (siehe Seite 27). Reste vom Möhrengrün eignen sich auch für ein würziges Pesto (siehe Seite 96).

Meal Prep

Das Rezept ist ausnahmsweise für 4 Personen angelegt. Du kannst einfach mehr kochen und die zweite Hälfte am nächsten Tag essen oder für später einfrieren.

MÖHREN-BABAGANOUSH

Mandeln sind lecker und gesund, haben aber den Ruf, nicht nachhaltig zu sein. Schließlich werden in Kalifornien, von wo viele Mandeln importiert werden, pro Kilo Mandeln 10 000 l Wasser verbraucht. Auch bei Mandeln aus hiesigem Anbau und in Bio-Qualität wird stark gewässert – in der Klimabilanz schneiden sie aber deutlich besser ab. Und natürlich deutlich besser als ein Steak oder Hackfleischgericht.

1. Die Mandeln in einer Schüssel mit Wasser bedeckt etwa 2 Stunden einweichen. Danach die Haut abziehen und die Mandeln abtropfen lassen.

2. Den Backofen auf 190 °C (Umluft) vorheizen. Ein Backblech mit einer Silikonbackmatte belegen. Die Möhren putzen, mit der Gemüsebürste gründlich waschen und mit 1 EL Öl rundum einreiben. Auf das Blech legen und im Ofen auf der mittleren Schiene etwa 30 Minuten rösten.

3. Die Möhren aus dem Ofen nehmen und etwas abkühlen lassen. Anschließend mit Mandeln, restlichem Öl, Knoblauch, Zitronensaft und -schale, Agavendicksaft, Harissa, Miso, Salz und Pfeffer im Blitzhacker fein pürieren. Die Creme mit Crackern snacken oder als Brotaufstrich verwenden.

Für den Vorrat
Die Creme hält sich im Kühlschrank 4 bis 5 Tage.

Meal Prep
Doppelte Menge Creme zubereiten und für die Pasta auf der rechten Seite verwenden.

Tausch doch
Geht genauso mit anderem Wurzelgemüse wie Pastinaken oder Schwarzwurzeln statt Möhren!

Für 1 Glas (400 ml)

70 g Mandeln
400 g Bio-Möhren
50 ml Rapsöl
abgeriebene Schale von 1 Bio-Zitrone
2 TL Zitronensaft
1 TL Agavendicksaft
1 EL Harissa
1 TL helle Misopaste
1 TL Salz
Pfeffer aus der Mühle

Aus den Basics

2 Zehen karamellisierter Knoblauch
(siehe Seite 161)

Zeitaufwand

Zubereitung: 10 Minuten | Quellen: 2 Stunden
Garen: 30 Minuten

PASTA MIT MÖHRENCREME

Nudeln aus alternativen Getreiden wie Quinoa und Hülsenfrüchten liegen im Trend, denn du kannst sie genauso leicht zubereiten wie normale Pasta. Dabei enthalten sie viel mehr gesundes Eiweiß als Hartweizenprodukte. Auch als Fleischersatz kommen sie deshalb in allen Tests gut weg.

1. Die Quinoa-Nudeln in einem Topf in reichlich kochendem Salzwasser nach Packungsanweisung etwa 11 Minuten bissfest garen. In ein Sieb abgießen und abtropfen lassen.

2. Währenddessen das Babaganoush und die Butter in einem Topf unter Rühren langsam erwärmen. Die Nudeln hinzufügen und darin schwenken. Zum Servieren die Möhren-Pasta auf Tellern anrichten und mit dem Pesto und der Gremolata garnieren.

So wird's veggie

Verwende Butter aus Kuh- oder Schafmilch und geriebenen Parmesan anstelle der Gremolata.

Tausch doch

Geht genauso mit anderen Pastasorten!

Für 2 Personen

300 g Quinoa-Nudeln (z. B. von Govinda)
Salz
6 EL Möhren-Babaganoush (siehe Seite 92)
1 TL vegane Butter

Aus den Basics

2 TL Möhrengrün-Pesto (siehe Seite 96)
2 EL Gremolata (siehe Seite 157)

Zeitaufwand

Zubereitung: 20 Minuten

GERÖSTETES GEMÜSE
MIT SAIBLINGSFILET

Für 2 Personen

1 Fenchelknolle
1 große Pastinake
2 Möhren
2 Ringelbeten
(z. B. Tonda di Chioggia)
1 Rispe Cocktailtomaten
2 EL Rapsöl
Salzflocken
2 Saiblingsfilets (à ca. 130 g)
2 Knoblauchzehen
5 Zweige Thymian
2 EL vegane Butter
Mehl zum Wenden
1 EL geröstete Mandelblättchen
1 EL Schnittlauchröllchen
1 Spritzer Aceto balsamico

Zeitaufwand

Zubereitung: 25 Minuten
Garen: 50 Minuten

1. Den Backofen auf 190 °C (Umluft) vorheizen. Ein Backblech mit einer Silikonbackmatte belegen.

2. Das Gemüse putzen bzw. waschen und trocken tupfen. Den Fenchel längs halbieren und mit Pastinake, Möhren, Beten und Tomaten auf dem Blech verteilen. Einige Spritzer Öl und 1 Prise Salzflocken darüber verteilen, das Gemüse im Ofen auf der mittleren Schiene 40 bis 50 Minuten rösch garen. Dabei nach der Hälfte der Zeit das Gemüse wenden.

3. Inzwischen den Saibling gut waschen und trocken tupfen. Den Knoblauch schälen. Den Thymian waschen und trocken tupfen. Eine Pfanne erhitzen, die Butter darin zerlassen und den angedrückten Knoblauch mit dem Thymian darin schwenken. Die Fischfilets hauchdünn in Mehl wenden und erst auf der Haut bei mittlerer Hitze knusprig braten. Dann wenden und die andere Seite noch 5 bis 7 Minuten braten – je nach Größe der Filets.

4. Das Gemüse aus dem Ofen nehmen, jeweils den harten Strunk entfernen und das Gemüse in beliebige Stücke portionieren. Auf Tellern anrichten und die Saiblingsfilets daraufgeben. Mit der Butter aus der Pfanne beträufeln, Mandelblättchen und Schnittlauch darüberstreuen und mit dem Essig beträufeln.

So wird's veggie
Verwende Feta oder Tofu statt Fisch, du kannst beides genauso im Knoblauchöl braten.

No Food Waste
Aus den Resten vom Gemüse kannst du eine Paste herstellen (siehe Seite 56).

Tausch doch
Geht genauso mit Roter Bete statt Ringelbete!

NO FOOD WASTE

PESTO AUS MÖHRENGRÜN

Du hast noch einige würzige Kräuterblätter wie Koriander, Petersilie oder Liebstöckel übrig? Oder fragst dich, was man mit dem leuchtenden Grün von Möhren und Radieschen noch zaubern könnte? Dann ist ein Pesto genau das Richtige, um alles noch sinnvoll zu verwerten. Statt der Pinienkerne gehen auch Sonnenblumenkerne oder blanchierte Mandeln, statt Hefeflocken geriebener Parmesan.

Für 1 Glas (ca. 250 g)

50 g Pinienkerne
100 g Möhrengrün (mit Stielen)
50 g Koriandergrün (mit Stielen)
abgeriebene Schale und Saft von 1 Bio-Zitrone
2–3 Zehen karamellisierter Knoblauch
(siehe Seite 161)
2 EL Hefeflocken
1 TL Salz
1 TL Agavendicksaft
50 ml Olivenöl

Zeitaufwand

Zubereitung: 10 Minuten

Die Pinienkerne in einer Pfanne ohne Fett bei mittlerer Hitze unter Rühren etwa 5 Minuten goldgelb rösten. Herausnehmen und abkühlen lassen. Das Möhrengrün und das Koriandergrün verlesen, gründlich waschen und trocken tupfen. Anschließend beides samt Stielen grob hacken und mit Pinienkernen, Zitronenschale und -saft, Knoblauch, Hefeflocken, Salz und Agavendicksaft in der Küchenmaschine klein häckseln, zuletzt das Öl untermischen. Das Pesto auf Gläser verteilen, es hält sich gekühlt 5 Tage und passt zu Pasta oder gegartem oder geröstetem Gemüse. Das Pesto lässt sich auch gemixt zu Dips verfeinern.

MÖHREN-DINKEL-PORRIDGE
AUS DEM OFEN

Für 4 Personen

Öl für die Formen
100 g Bio-Möhren
1 Bio-Orange
200 g Dinkelflocken
1 TL Zimtpulver
1 Prise gemahlener Kardamom
frisch geriebene Muskatnuss
1 TL geriebener Bio-Ingwer
(mit Schale)
½ TL Backpulver
1 Prise Salz
20 g Dattelsirup
200 ml ungesüßter Haferdrink
100 ml Orangensaft
100 g Nuss-Saaten-Mix
(z. B. Mandeln, Chia-, Sesam- oder
Leinsamen, Haselnuss-, Sonnen-
blumen- oder Kürbiskerne)
1 EL flüssiger Honig

Aus den Basics

1 Flax Egg (siehe Seite 167)

Zeitaufwand

Zubereitung: 15 Minuten
Backen: 35 Minuten

1. Den Backofen auf 180 °C (Umluft) vorheizen. 4 kleine ofenfeste Schalen mit Öl einfetten.

2. Die Möhren putzen, mit der Gemüsebürste gründlich waschen und auf der Gemüsereibe fein raspeln. Die Orange heiß waschen, abtrocknen und die Schale abreiben. Dann die Orange so groß-zügig schälen, dass auch die weiße Haut mit entfernt wird. Die Filets zwischen den einzelnen Trennhäuten herausschneiden.

3. In einer Rührschüssel Dinkelflocken, Möhrenraspel, Orangen-schale, Zimt, Kardamom, Muskatnuss, Ingwer, Backpulver, Salz und Dattelsirup gründlich mischen. Haferdrink und Orangensaft dazugießen und gleichmäßig mit einem Kochlöffel unterrühren. Das Flax Egg hinzufügen und unterrühren. Zuletzt Orangenfilets und Nuss-Saaten-Mix zügig unterheben.

4. Die Masse auf die ofenfesten Schalen verteilen und nach Belie-ben mit geschälten Hanfsamen bestreuen. Den Porridge im Ofen auf der mittleren Schiene etwa 35 Minuten backen. Herausneh-men und vor dem Servieren kurz abkühlen lassen. Zum Servieren mit dem Honig beträufeln.

So wird's veggie
Verwende Kuh- oder Schafmilch statt des Haferdrinks sowie 1 Ei statt des Flax Eggs.

No Food Waste
Orangenschalen kannst du einfach auf einem großen Teller aus-breiten und in der Küche oder einem trockenen Raum trocknen lassen. Danach im Blitzhacker fein mahlen und damit Speisen und Heißgetränke würzen!

Tausch doch
Geht genauso mit Beeren oder Rhabarberkompott statt der Orangenfilets!

PLANT-BASED MÖHRENKUCHEN

Für 1 Springform (18 cm Durchmesser)

100 g geröstete, geschälte Hasel-
nusskerne (siehe Tipp)
150 g brauner Zucker
Öl für die Form
250 g Bio-Möhren
200 g gemahlene Haselnüsse
50 g Dinkelmehl (Type 630)
1 TL Backpulver
1 TL Natron
1 Prise Salz
1 TL Zimtpulver
¼ TL gemahlene Vanille
frisch geriebene Muskatnuss
100 ml Rapsöl

Aus den Basics

2 Flax Eggs (siehe Seite 167)

Zeitaufwand

Zubereitung: 20 Minuten
Backen: 50 Minuten

1. Für den Haselnusskrokant ein Backblech mit einer Silikonbackmatte belegen. Die ganzen gerösteten Haselnüsse fein hacken.
In einer Pfanne 50 g Zucker bei mittlerer Hitze goldgelb karamellisieren lassen und die Haselnüsse zügig unterrühren. Die Masse
sofort auf dem Blech verteilen und abkühlen lassen, anschließend
im Blitzhacker zerkleinern.

2. Inzwischen den Backofen auf 180 °C (Umluft) vorheizen. Die
Form mit Öl einfetten. Die Möhren putzen, mit der Gemüsebürste
gründlich waschen und auf der Gemüsereibe fein raspeln.

3. Die trockenen Zutaten in einer Rührschüssel gründlich mischen.
Dann Möhrenraspel, Öl und Flax Eggs dazugeben und mit den
Quirlen des Handrührgeräts unterrühren.

4. Die Masse in der Form verteilen und den Kuchen im Ofen
auf der mittleren Schiene 40 bis 50 Minuten backen (Stäbchenprobe!). Den Möhrenkuchen aus dem Ofen nehmen und auf
einem Kuchengitter vollständig abkühlen lassen. Zum Servieren
nach Belieben mit 1 TL Haselnussöl beträufeln.

So wird's veggie

Verwende Eier statt Flax Eggs.

Für den Vorrat

Es ist immer gut, geröstete Nüsse im Vorrat zu haben. Das geht
ganz einfach: Den Backofen auf 170 °C (Umluft) vorheizen. Ein
Backblech mit einer Silikonbackmatte auslegen und die Haselnüsse darauf verteilen. Im Ofen auf der mittleren Schiene 10 bis
12 Minuten rösten. Herausnehmen, auf ein sauberes Küchentuch
geben und die Nüsse mit dem Tuch aneinanderreiben – so löst
sich die Schale. Alternativ bei mittlerer Hitze in der Pfanne rösten.

Tausch doch

Geht genauso mit Mandeln statt Haselnüssen!

FRUCHTGEMÜSE

Der Sommer ist bunt – und mit ihm haben Fruchtgemüsesorten wie Tomaten, Paprika, Zucchini, Gurke oder Aubergine Hochkonjunktur. Fast alles wächst auch bei uns zur Saison, in den kalten Monaten wird es aus Südeuropa importiert – die CO_2-Bilanz sieht dann entsprechend weniger günstig aus. Es lohnt sich also, im Sommer einen eigenen Vorrat anzulegen: Dafür findest du bei den Basics auf Seite 159 ein Rezept für eine selbst gemachte Tomatensauce – für viele leckere Rezepte.

VERWANDTE ♥

▶ Auberginen
▶ Zucchini
▶ Paprika
▶ Tomaten
▶ Gurken

NÄHRSTOFFE-BOOSTER ◎

Da fast alles Sorten im Sommer erntereif sind, liefern uns die klassischen Fruchtgemüse die volle Vitamin-Power des Sommers. Die intensiven Farben der Gemüse gehen zurück auf sekundäre Pflanzenstoffe, die antioxidativ wirken und vor Krebs schützen können.

SAISON 🌷☀
Frühling // Sommer

CO_2-FOOTPRINT
Aubergine/Zucchini: 0,2 kg CO_2-eq/kg
Paprika: 0,6 kg CO_2-eq/kg
Tomate: 0,8 kg CO_2-eq/kg

RATATOUILLE EINKOCHEN

Eine große Portion Ratatouille kochen, in sterilisierte Einweckgläser verteilen und je 1 Rosmarinzweig darauflegen. Die Gläser mit den Dichtungen verschließen und mit den Klammern fixieren. Dann bei 90 °C etwa 30 Minuten einkochen. Dazu einen Einkochautomaten verwenden oder im Backofen (siehe Seite 159) oder Dampfgarer einkochen. Bitte dazu die entsprechende Gebrauchsanleitung lesen. Das Ganze geht natürlich auch für andere gekochte Sommergemüse.

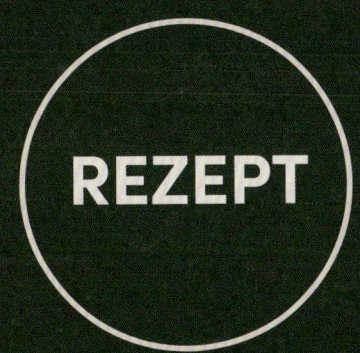

REZEPT

WEITERE REZEPTE IM BUCH

REGROWING 🌱
gut möglich

AUBERGINEN
MIT ZIEGENKÄSE UND SPARGEL

Für 2 Personen

3 Auberginen
3 TL Rapsöl
Salz
1 Bund grüner Baby-Spargel
1 kleine Knoblauchzehe
1 EL Tomatenmark
200 g Soja Cuisine
2 Scheiben Ziegenkäserolle
(à ca. 60 g)
½ TL flüssiger Honig
1 Beet Gartenkresse

Zeitaufwand

Zubereitung: 30 Minuten

1. Den Backofen auf 200 °C (Umluft) vorheizen. Die Auberginen putzen, waschen und etwa 1 bis 2 cm groß würfeln. In einer Auflaufform verteilen, mit 1 TL Öl und ½ TL Salz mischen und im Ofen auf der mittleren Schiene etwa 15 Minuten goldbraun backen.

2. Währenddessen den Spargel waschen und die holzigen Enden abschneiden. Den Spargel mit 1 TL Öl und ½ TL Salz mischen und nach etwa 10 Minuten Garzeit zu den Auberginen geben, in den letzten 5 Minuten mitgaren. Danach alles aus dem Ofen nehmen und beiseitestellen.

3. Inzwischen den Knoblauch schälen und fein würfeln. Das übrige Öl in einer Pfanne erhitzen und Knoblauch und Tomatenmark darin bei mittlerer Hitze 2 bis 3 Minuten andünsten. Die Soja Cuisine dazugießen und gut unterrühren. Anschließend Auberginen und Spargel hinzufügen und darin etwa 1 Minute schwenken.

4. Den Ziegenkäse mit dem Honig beträufeln und mit dem Flambierbrenner karamellisieren. (Alternativ mit Auberginen und Spargel im Ofen etwa 5 Minuten gratinieren.)

5. Zum Servieren die Kresse vom Beet abschneiden, waschen und trocken tupfen. Das Gemüse auf Tellern anrichten und den Ziegenkäse danebensetzen, mit der Kresse garnieren.

So wird's vegan

Verwende Agavendicksaft statt Honig und eine vegane Käse-Alternative oder Tofu.

No Food Waste

Aus den Putzabfällen von Aubergine und Spargel könnt ihr noch eine Gemüsepaste herstellen (siehe Seite 56). Falls noch nicht genug Reste vorhanden sind, einfach einfrieren.

Tausch doch

Geht genauso mit Zucchini statt Auberginen, die müssen aber nur 10 Minuten in den Ofen!

ZUCCHINISUPPE
MIT LAUCHRAUTEN UND FETA

Für 2 Personen

500 g Zucchini
1 Fenchelknolle
1 Schalotte
1 kleine Knoblauchzehe
1 EL Rapsöl
1 TL Korianderkörner
½ TL Fenchelsamen
1 Bund Basilikum
1 TL helle Misopaste
Salz, Pfeffer aus der Mühle
frisch geriebene Muskatnuss
etwas abgeriebene Bio-Zitronenschale
100 g Lauch (nur der grüne Teil,
Rest anderweitig verwenden)
50 g vegane Feta-Alternative

Aus den Basics

½ l Gemüsebrühe (siehe Seite 158
oder Bio-Gemüsebrühe)
2 TL Oliven-Tapenade
(siehe Seite 155)

Zeitaufwand

Zubereitung: 25 Minuten

1. Zucchini und Fenchel putzen und waschen, den harten Strunk des Fenchels entfernen. Schalotte und Knoblauch schälen. Alle vier Gemüse grob schneiden und in einem Topf im Öl mit Korianderkörnern und Fenchelsamen unter Rühren anrösten. Die Brühe dazugießen und den Gemüse-Mix mit geschlossenem Deckel bei mittlerer Hitze 12 bis 15 Minuten weich garen.

2. Inzwischen das Basilikum waschen und im Ganzen trocken tupfen. Die Suppe mit Misopaste, Salz, Pfeffer und Muskatnuss würzen. Das Basilikum hinzufügen und alles im Topf mit dem Stabmixer fein pürieren. Mit Zitronenschale verfeinern.

3. Währenddessen den Lauch putzen, gründlich waschen und in Rauten schneiden. In siedendem Salzwasser 4 bis 5 Minuten blanchieren, in ein Sieb abgießen und eiskalt abschrecken. Den Lauch in die Suppe geben und darin kurz erwärmen. Den Feta in Würfel schneiden.

4. Zum Servieren die Suppe auf Schalen oder tiefe Teller verteilen und die Fetawürfel daraufsetzen. Zuletzt mit der Oliven-Tapenade garnieren.

No Food Waste

Die Putzabfälle und Gemüseabschnitte ergeben noch eine tolle Gemüsepaste (siehe Seite 56).

Regrowing

Wenn du ein Basilikumtöpfchen kaufst, kannst du die Blätter frisch abzupfen und den Rest in ein Beet auspflanzen.

Meal Prep

Doppelte Menge der Zucchinisuppe kochen und einfrieren oder am nächsten Tag essen.

PAPRIKASUPPE
MIT CROÛTONS AUS SAUERTEIGBROT

Für 2 Personen

2 gelbe Paprikaschoten
2 orange Paprikaschoten
3 ½ EL Rapsöl
1 Fenchelknolle
100 g Lauch (nur der weiße Teil,
Rest für das grüne Lauchöl von
Seite 143 verwenden)
1 grüne Chilischote
2 Sternanis
50 g Cashewkerne
Salz, Pfeffer aus der Mühle
1 Spritzer Zitronensaft
1 Msp. abgeriebene Bio-Zitronenschale
2 dicke Scheiben Sauerteigbrot
1 Zweig Oregano

Aus den Basics

½ l Gemüsebrühe (siehe Seite 158
oder Bio-Gemüsebrühe)

Zeitaufwand

Zubereitung: 20 Minuten
Garen: 40 Minuten

1. Den Backofen auf 200 °C (Umluft) vorheizen. Ein Backblech mit einer Silikonbackmatte belegen.

2. Alle Paprikaschoten waschen und trocken tupfen. Dann mit etwas Öl rundum einreiben, auf dem Blech verteilen und im Ofen auf der mittleren Schiene etwa 40 Minuten rösten. Herausnehmen und kurz abkühlen lassen, dann längs halbieren und entkernen.

3. Inzwischen Fenchel und Lauch putzen und waschen, den harten Strunk vom Fenchel entfernen. Beides in grobe Stücke schneiden. Die Chili längs halbieren, nach Belieben entkernen, waschen und in kleine Stücke schneiden.

4. Einen Topf erhitzen, 2 EL Öl dazugeben und Sternanis, Fenchel, Lauch sowie Chilischote darin bei mittlerer Hitze andünsten. Die gerösteten Paprika dazugeben und unterrühren. Die Brühe und die Cashewkerne hinzufügen und alles noch etwa 15 Minuten garen. Dann im Topf mit dem Stabmixer fein pürieren. Die Suppe mit Salz, Pfeffer, Zitronensaft und -schale abschmecken.

5. Zum Servieren das Brot in große Würfel schneiden und in einer Pfanne im restlichen Öl kross braten. Den Oregano waschen, trocken tupfen und die Blätter abzupfen. Die Suppe auf Schalen oder tiefe Teller verteilen und mit Oregano und Croûtons garnieren.

No Food Waste

Aus dem grünen Teil vom Lauch könnt ihr noch ein dunkles Lauchöl gewinnen – wie das geht, lest ihr auf Seite 143.

Für den Vorrat

Die Röstpaprikas schmecken auch als Brotbelag oder Beilage zu Käse. Sie halten sich im Kühlschrank 4 bis 5 Tage.

Meal Prep

Doppelte Menge Croûtons rösten und in einem Glas aufbewahren. Passt als Topping auch über Salate.

QUINOASALAT
MIT PAPRIKA UND ZUCCHINI

Für 2 Personen

100 g Quinoa
Salz
1 rote Paprikaschote
1 Salattomate
1 kleine gelbe Zucchini
1 Bund Minze
1 Bund Petersilie
50 g junger Blattspinat
abgeriebene Schale und Saft
von ½ Bio-Orange
1 TL Apfelessig
3 EL Olivenöl
Pfeffer aus der Mühle
½ TL gemahlener Koriander

Zeitaufwand

Zubereitung: 30 Minuten

1. Die Quinoa in einem Sieb zwei- bis dreimal kalt abbrausen, um die Bitterstoffe zu entfernen. Anschließend in einem Topf mit Wasser und 1 Prise Salz aufkochen und mit geschlossenem Deckel bei mittlerer Hitze etwa 15 Minuten bissfest garen. Danach in ein Sieb abgießen, abtropfen und auf einem Holzbrett trocknen lassen.

2. Währenddessen das Gemüse vorbereiten: Die Paprika längs halbieren, entkernen, waschen und klein würfeln. Die Tomate waschen und in Spalten schneiden, dabei den Stielansatz entfernen. Die Zucchini putzen, waschen, längs halbieren und in dünne Halbkreise schneiden.

3. Die Minze und Petersilie waschen, trocken tupfen, die Blätter abzupfen und fein hacken. Den Spinat verlesen, waschen und trocken schleudern.

4. Das Gemüse und die gehackten Kräuter samt Spinat unter die abgekühlte Quinoa mischen. Den Salat mit Orangenschale und -saft, Essig und Öl mischen und mit Salz, Pfeffer und Koriander würzen. Zum Servieren auf Tellern anrichten.

No Food Waste
Die zweite Orangenhälfte einfach frisch genießen! Die Putzabfälle des Gemüses für eine Würzpaste verwenden (siehe Seite 56).

Für den Vorrat
Hält sich im Kühlschrank etwa 3 Tage.

Tausch doch
Statt Quinoa kannst du genauso den gekochten Dinkel (siehe Seite 167) für den Salat verwenden.

SOMMERLICHER
RUCOLA-KARTOFFEL-SALAT

Für 2 Personen

1 kg kleine Kartoffeln (Drillinge)
2 EL Rapsöl
1 TL Salz
150 g saure Sahne
2 TL Dijon-Senf
¼ TL Knoblauchpulver
Pfeffer aus der Mühle
½ Bund Schnittlauch
½ Bund Dill
1 große Handvoll Rucola
1 Mini-Salatgurke
2 EL Brombeeren
1 EL Blaubeeren
abgeriebene Schale und Saft
von ½ Bio-Zitrone

Zeitaufwand

Zubereitung: 15 Minuten
Backen: 30 Minuten

1. Den Backofen auf 220 °C (Umluft) vorheizen. Ein Backblech mit einer Silikonbackmatte belegen.

2. Die Kartoffeln samt Schale waschen und in einem Topf in wenig Wasser bissfest garen. Die Kartoffeln abgießen, ausdampfen und abkühlen lassen. Anschließend mit dem Öl mischen und auf das Blech setzen. Die Kartoffeln jeweils mit einem dicken Glasrücken flach quetschen, mit ½ TL Salz bestreuen und im Ofen auf der mittleren Schiene 25 bis 30 Minuten kross backen.

3. Währenddessen für das Dressing saure Sahne, Senf, Knoblauchpulver, restliches Salz und Pfeffer in einer Salatschüssel mischen. Schnittlauch und Dill waschen und trocken tupfen, den Schnittlauch in feine Röllchen schneiden, den Dill fein hacken. Den Rucola verlesen, waschen und trocken schleudern. Die Gurke putzen, waschen und auf der Gemüsereibe in dünne Scheiben hobeln. Beide Beerensorten verlesen, waschen und trocken tupfen.

4. Die Kartoffeln aus dem Ofen nehmen und etwas abkühlen lassen, dann mit dem Dressing mischen. Kräuter, Rucola, Gurke, Zitronenschale und -saft locker unterheben. Zum Servieren den Salat auf tiefen Tellern anrichten und mit den Beeren garnieren.

So wird's vegan
Verwende eine pflanzenbasierte Sauerrahm-Alterative und achte darauf, dass der Senf vegan ist.

Meal Prep
Du kannst gleich die doppelte Menge an Quetschkartoffeln backen und am übernächsten Tag mit Kräuterquark genießen oder als Beilage zu einem Bohnengericht servieren.

Tausch doch
Geht genauso mit dem Honig-Senf-Dressing von Seite 164. Einfach anstelle des Sauerrahmdressings verwenden.

BLUMENKOHL & BROKKOLI, ROSENKOHL

Jetzt wird's bunt: weißer Blumenkohl, dunkelgrüner bis violetter Blumenkohl und hellgrüne Rosenkohlröschen. Alle drei haben die volle Kraft der Kohlfamilie und in der heimischen Küche ihren festen Platz. Und: Sie schmecken auch roh. Egal ob die Blütenknospen von Blumenkohl und Brokkoli, samt ihren fleischigen Stielen, oder die kompakten Knospen des Rosenkohls. Letzterer ist ein absolutes Wintergemüse und braucht sogar den Frost, um milder und süßer zu schmecken.

VERWANDTE ♥

▶ Romanesco
▶ Wilder Brokkoli
▶ Weitere Vertreter der Kohlfamilie

NÄHRSTOFFE-BOOSTER ◎

Roh erhält man besonders viel von den wertvollen Inhaltsstoffen der drei Kohlvertreter. Als da wären reichlich Ballast- und Mineralstoffe, viele B-Vitamine und eine gute Portion Vitamin C. Und wie in allen Kohlsorten stecken in allen drei „Röschen" krebshemmend wirkende Glucosinolate.

SAISON ☀ 🍂

Sommer // Herbst (Blumenkohl)

CO$_2$-FOOTPRINT

Brokkoli: 0,3 kg CO$_2$-eq/kg
Blumenkohl: 0,2 kg CO$_2$-eq/kg

RÖSCHEN SCHREDDERN

Wenn Du Blumenkohl oder Brokkoli bis auf Reis-
korngröße zerkleinerst, kannst du daraus vegane
Spezialitäten wie einen Pizzateig oder eine
Bolognese zaubern. So geht's: Den gewünschten
Kohlkopf putzen, waschen und in Röschen teilen,
die Blätter entfernen (die feinen kannst du auch
noch als Salat essen) und den Strunk säubern. Erst
Röschen und Strunk grob zerteilen, dann in der
Küchenmaschine zu „Blumenkohlreis" verarbeiten.

REZEPT

WEITERE REZEPTE IM BUCH

- ▶ Vegetarische Pizza mit Blumenkohl-
  boden, Seite 116
- ▶ Ofenblumenkohlsalat mit Blattgrün
  und Nüssen, Seite 118
- ▶ Vegane Blumenkohl-Bolo mit
  Quinoa-Nudeln, Seite 120
- ▶ Brokkomole auf Sauerteigbrot, Seite 122
- ▶ Brokkolipflanzerl mit Romanasalat, Seite 124
- ▶ Rosenkohlrohkost mit Speck und
  Walnussbrot, Seite 126
- ▶ Rosenkohlgratin mit Pilzen und
  Süßkartoffeln, Seite 128

REGROWING ✿
gut möglich

VEGETARISCHE PIZZA MIT BLUMENKOHLBODEN

Für 2 Personen

Für den Boden
800 g Blumenkohl
(ergibt ca. 600 g „Reis")
100 g geriebene vegane
Käse-Alternative
1 Ei (Größe M)
2 TL Reismehl
2 TL geschroteter Leinsamen
1 EL Hefeflocken
½ TL getrockneter Thymian
frisch geriebene Muskatnuss
¼ TL Salz
Pfeffer aus der Mühle

Für den Belag
1 Handvoll Cocktailtomaten
1 TL Kapern
1 Handvoll Rucola
50 g geriebene vegane
Käse-Alternative
Olivenöl und Salzflocken
zum Servieren

Aus den Basics

1 TL karamellisierter Knoblauch
(siehe Seite 161; ersatzweise
½ TL Knoblauchpulver)
250 g Tomatensauce
(siehe Seite 159)

Zeitaufwand

Zubereitung: 20 Minuten
Backen: 35 Minuten

1. Für den Boden den Backofen auf 190 °C (Umluft) vorheizen. Ein Backblech mit einer Silikonbackmatte belegen. Den Blumenkohl putzen, waschen und in Röschen teilen, die Blätter entfernen und den Strunk säubern. Röschen und Strunk erst grob zerteilen, dann in der Küchenmaschine zu „Blumenkohlreis" verarbeiten.

2. Den geraspelten Blumenkohl im Dampfgarer etwa 5 Minuten dämpfen und abkühlen lassen. (Wer keinen Dampfgarer zur Hand hat, kann auch einen großen Topf mit siedendem Wasser, Siebeinsatz oder Bambuskörbchen und Deckel verwenden.) Sobald der Blumenkohl abgekühlt ist, auf ein sauberes Küchentuch geben und die Flüssigkeit vollständig auspressen. (Die Flüssigkeit kannst du noch für die Blumenkohl-Bolognese von Seite 120 verwenden.)

3. Den gut ausgepressten Blumenkohl in einer Rührschüssel mit den übrigen Zutaten für den Boden und dem karamellisierten Knoblauch mischen. Die Masse halbieren und jede Hälfte auf dem Blech mit einem Löffelrücken oder Teigschaber etwa 5 mm dünn zu einem Fladen formen. Die Böden im Ofen auf der mittleren Schiene mindestens (!) 20 Minuten goldbraun backen.

4. Inzwischen für den Belag die Tomaten waschen und halbieren. Die Kapern abtropfen lassen und klein hacken. Den Rucola verlesen, waschen und trocken schleudern. Die Böden aus dem Ofen nehmen und kurz ausdampfen lassen. Anschließend die Pizzaböden mit der Tomatensauce bestreichen und mit Tomaten, Kapern und Käse belegen. Die Pizzen im Ofen noch 10 bis 15 Minuten fertig backen. Aus dem Ofen nehmen, sofort auf Teller setzen und mit Rucola, Olivenöl und Salzflocken garnieren.

Regrowing

Wenn ihr Bio-Tomaten habt, könnt ihr die Kerne herauslösen und wieder zum Sprießen bringen (siehe Seite 27).

Tausch doch

Beim Belag der Veggie-Pizza könnt ihr nach Belieben variieren. Wie wäre es mal mit Spinat oder Mozzarella?

OFENBLUMENKOHLSALAT
MIT BLATTGRÜN UND NÜSSEN

Für 2 Personen

1 Blumenkohl (ca. 650 g)
½ Bund Petersilie
4 EL Granatapfelkerne
2 EL Pekannüsse

Für die Marinade
1 grüne Peperonischote
1 Knoblauchzehe
25 g Bio-Ingwer (mit Schale)
½ TL Madras-Currypulver
Saft von ½ Bio-Limette
25 g Dattelsirup
60 g Olivenöl
½ TL Salz

Aus den Basics

4 EL Honig-Senf-Dressing
(siehe Seite 164)

Zeitaufwand

Zubereitung: 15 Minuten
Garen: 20 Minuten

1. Den Backofen auf 190 °C (Umluft) vorheizen. Den Blumenkohl putzen, dabei das Blattgrün entfernen, aber 4 schöne Blätter beiseitelegen. Den Blumenkohl waschen und in Röschen teilen, den Strunk in mundgerechte Stücke schneiden.

2. Für die Marinade die Peperoni längs halbieren, entkernen, waschen und fein hacken. Den Knoblauch schälen und fein würfeln. Den Ingwer fein hacken. Peperoni, Knoblauch und Ingwer mit Curry, Limettensaft, Dattelsirup, Olivenöl und Salz zu einer Marinade verrühren und die Blumenkohlröschen damit in einer Auflaufform mischen. Im Ofen auf der mittleren Schiene etwa 20 Minuten garen. Herausnehmen und abkühlen lassen.

3. Das beiseitegelegte Blattgrün vom Blumenkohl (falls nötig, harten Strunk entfernen) sowie die Petersilie waschen und trocken tupfen, das Blattgrün grob, die Petersilie fein hacken.

4. Die Blumenkohlröschen in einer Salatschüssel mit dem Honig-Senf-Dressing verrühren und Blattgrün, Petersilie und Granatapfelkerne unterheben. Die Pekannüsse hacken und darüberstreuen. Zum Servieren auf Schalen oder Tellern anrichten.

No Food Waste

Das feinere Blattgrün vom Blumenkohl lässt sich wie Kräuter verwenden oder analog zum Wirsing zu Crunch (siehe Seite 73) verarbeiten. Es schmeckt leicht würzig – ähnlich wie Kresse.

Meal Prep

Doppelte Menge des Salats zubereiten und am nächsten Tag essen oder für unterwegs mitnehmen.

Tausch doch

Der Salat seht genauso mit den Röschen von Romanesco oder Brokkoli statt Blumenkohl!

VEGANE BLUMENKOHL-BOLO MIT QUINOA-NUDELN

Für 2 Personen

1 kleiner Blumenkohl (400 g)
4 EL Rapsöl
2 TL geräuchertes Paprikapulver
½ TL gemahlener Koriander
Salz
1 grüne Chilischote
1 Zweig Rosmarin
5 Zweige Thymian
3 Knoblauchzehen
1 Zwiebel
100 g Tomatenmark
2 EL naturtrüber Apfelsaft
2 TL helle Misopaste
2 TL No-Fish-Sauce
Pfeffer aus der Mühle
1 EL Hefeflocken
20 g geriebene vegane
Käse-Alternative
200 g Quinoa-Nudeln
(z. B. von Govinda)
Salzflocken
2 EL gehackte Petersilie

Aus den Basics

1 EL Gemüsepaste (siehe Seite 56)

Zeitaufwand

Zubereitung: 30 Minuten
Garen: 20 Minuten

1. Backofen auf 190 °C (Umluft) vorheizen. Blumenkohl putzen, waschen und in Röschen teilen. Röschen und Strunk grob zerteilen und in der Küchenmaschine auf Reiskorngröße häckseln. Mit 2 EL Öl, Paprika, Koriander und ½ TL Salz in einer Auflaufform mischen.

2. Die Chilischote längs halbieren, entkernen, waschen und fein hacken. Rosmarin und Thymian waschen, trocken tupfen und die Nadeln bzw. Blätter abzupfen. Alles zum Blumenkohl geben, 2 Knoblauchzehen schälen und dazupressen. Den Mix im Ofen auf der mittleren Schiene etwa 20 Minuten rösten. Herausnehmen und auf einem Kuchengitter beiseite stellen.

3. Inzwischen die Zwiebel schälen und fein würfeln. Den übrigen Knoblauch schälen und fein würfeln. Das übrige Öl in einem beschichteten Topf erhitzen und die Zwiebel darin andünsten. Das Tomatenmark mit dem restlichen Knoblauch hinzufügen und anrösten. Den Saft dazugießen und kurz einkochen lassen, dann mit 120 ml Wasser ablöschen. (Falls vorhanden, den aufgefangenen Blumenkohlsaft vom Pizzaboden von Seite 116 verwenden.)

4. Misopaste, No-Fish-Sauce und Gemüsepaste unterrühren und alles noch mindestens 12 Minuten köcheln lassen. Zuletzt die Bolognese mit Pfeffer und Hefeflocken abschmecken und den Käse unterrühren. Währenddessen die Nudeln in reichlich kochendem Salzwasser nach Packungsanweisung bissfest garen. In ein Sieb abgießen und abtropfen lassen.

5. Zum Servieren den Blumenkohl und Bolognese mischen. Mit Nudeln auf Tellern anrichten und mit Salz und Petersilie bestreuen.

No Food Waste

Die abgetrennten äußeren Blumenkohlblätter eignen sich noch als Pflanzendünger oder Mulch für Beete im Gemüsegarten.

Für den Vorrat

Wenn du mehr Bolo kochst: Heiß in saubere Gläser füllen und verschlossen abkühlen lassen, sie hält sich im Kühlschrank 1 Woche.

BROKKOMOLE
AUF SAUERTEIGBROT

Für 2 Personen

Für die Brokkomole
¼ Brokkoli (ca. 150 g; Rest für die Pflanzerl von Seite 124 verwenden)
Salz
1 grüne Peperonischote
1 EL Rapsöl

Außerdem
50 g weiche vegane Butter
1 TL helle Misopaste
1 TL Hefeflocken
1 kleine Knoblauchzehe
Pfeffer aus der Mühle
2 dicke Scheiben Sauerteigbrot
80 g kleine Shiitakepilze
3 Zweige Thymian
1 Beet Rucolakresse
(ersatzweise Gartenkresse)

Aus den Basics

1 TL karamellisierter Knoblauch
(siehe Seite 161)

Zeitaufwand

Zubereitung: 30 Minuten

1. Für die Brokkomole das Brokkoliviertel putzen, waschen und in Röschen teilen. Röschen und Strunk erst grob zerkleinern, dann in der Küchenmaschine grob häckseln.

2. In einem Topf etwas Wasser aufkochen und gut salzen. Den Brokkoli darin etwa 3 Minuten blanchieren. In ein Sieb abgießen, eiskalt abschrecken und gut abtropfen lassen. Anschließend in einem sauberen Küchentuch gut ausdrücken.

3. Die Peperonischote längs halbieren, entkernen, waschen und grob hacken. Den Brokkoli mit dem karamellisierten Knoblauch, der Peperonischote, Öl und 1 Prise Salz in einem hohen Rührbecher mit dem Stabmixer fein pürieren.

4. Für die Misobutter 40 g weiche Butter mit Misopaste und Hefeflocken verrühren. Den Knoblauch schälen und dazupressen, alles mit 1 Prise Pfeffer würzen und gründlich verrühren. Die Brote nach Belieben toasten und großzügig mit der Butter bestreichen.

5. Die Pilze putzen und, falls nötig, trocken abreiben. Die Thymianzweige waschen, trocken tupfen und mit den Pilzen in einer Pfanne in der übrigen Butter etwa 5 Minuten kross braten.

6. Zum Servieren die Kresse vom Beet abschneiden, waschen und trocken tupfen. Die Brote auf Teller setzen, jeweils 1 großzügigen Löffel Brokkomole auf die Brotscheiben geben und die Shiitake darüber verteilen. Mit der Kresse bestreuen.

No Food Waste
Den Rest des Brokkolis für die Pflanzerl von Seite 124 verwenden.

Für den Vorrat
Die Brokkomole hält sich im Kühlschrank etwa 3 Tage.

Meal Prep
Doppelte Menge Misobutter herstellen und damit Saucen und Gemüsepfannen verfeinern oder Fisch und Kartoffeln überbacken.

BROKKOLIPFLANZERL
MIT ROMANASALAT

Für 2 Personen

¾ Brokkoli (ca. 400 g;
Rest für die Brokkomole von
Seite 122 verwenden)
2 EL Lauchreste
½ TL gemahlener Kreuzkümmel
½ TL gemahlener Koriander
3 EL Rapsöl
1 Knoblauchzehe
4 gegarte Pellkartoffeln
(vom Vortag)
100 g vegane Feta-Alternative
½ TL Salz
Panko (asiat. Paniermehl)
1 EL geröstete helle Sesamsamen
2 kleine Romanasalatherzen

Aus den Basics

1 Rezept Honig-Senf Dressing
(siehe Seite 164)
4 EL Möhren-Babaganoush
(siehe Seite 92

Zeitaufwand

Zubereitung: 40 Minuten

1. Den Brokkoli putzen, waschen und in Röschen teilen, den Strunk schälen und das harte Ende abschneiden. Röschen und Strunk erst grob zerkleinern, dann in der Küchenmaschine grob häckseln. Die Lauchreste putzen, waschen und ebenfalls grob häckseln.

2. Eine beschichtete Pfanne erhitzen und Kreuzkümmel und Koriander darin bei mittlerer Hitze kurz rösten. 1 EL Öl und den zerkleinerten Brokkoli dazugeben und alles bei mittlerer Hitze etwa 7 Minuten dünsten. Den Knoblauch schälen und dazupressen. Dann den Mix herausnehmen und etwas abkühlen lassen.

3. Die Kartoffeln pellen und mit dem Feta fein zerdrücken, den Mix unter den Brokkoli mischen und mit Salz würzen. Anschließend aus der Masse mit angefeuchteten Händen vier Pflanzerl formen und rundum im Panko und Sesam wälzen. Eine große beschichtete Pfanne erhitzen, übrige 2 EL Öl hinzufügen und die Pflanzerl darin auf jeder Seite etwa 5 Minuten goldbraun braten.

4. Inzwischen von den Romanasalatherzen die äußeren Blätter entfernen, die Salate in die einzelnen Blätter teilen, waschen, trocken schleudern, und in mundgerechte Stücke schneiden. Den Salat auf Tellern anrichten und mit dem Honig-Senf Dressing beträufeln. Die Pflanzerl daraufsetzen und das Möhren-Babaganoush dazu reichen.

So wird's veggie
Verwende Feta aus Kuh- oder Schafmilch statt des veganen Fetas.

No Food Waste
In die Pflanzerl kannst du statt des Lauchs auch gut Reste von Frühlingszwiebeln einarbeiten.

Meal Prep
Doppelte Menge an Pflanzerln braten und einfrieren oder am nächsten Tag mitnehmen.

ROSENKOHLROHKOST
MIT SPECK UND WALNUSSBROT

Für 2 Personen

300 g Rosenkohl
Salz
100 g Tempeh natur
2 Medjool-Datteln
1 Stück Speck (ca. 60 g)
1 TL Rapsöl
1 TL Sojasauce
2 Scheiben Walnussbrot
Salzflocken

Aus den Basics

5–6 EL Honig-Senf-Dressing
(siehe Seite 164)

Zeitaufwand

Zubereitung: 25 Minuten

1. Den Rosenkohl putzen und die äußeren Blätter entfernen. Die Röschen waschen und auf der Gemüsereibe direkt in eine Salatschüssel raspeln. Mit dem Dressing verrühren und den Salat mit Salz abschmecken.

2. Den Tempeh in Scheiben schneiden. Die Datteln entsteinen und längs vierteln. Den Speck in feine Scheiben schneiden. Eine Pfanne erhitzen, das Öl hineingeben und Tempeh, Datteln und Speck darin kross anbraten. (Den Speck aus der Pfanne nehmen, falls dieser zu kross werden sollte.) Den Mix mit der Sojasauce würzen und etwas abkühlen lassen, anschließend unter den marinierten Rosenkohl heben.

3. Die Brotscheiben in der noch heißen Pfanne rösten, dabei, falls nötig, noch etwas Öl dazugeben. Die Brotscheiben auf Teller setzen, großzügig mit dem Rosenkohlsalat belegen und mit Salzflocken bestreuen.

So wird's veggie
Verwende geräucherten Tofu oder Dulse-Algen statt Speck.

No Food Waste
Aus den abgenommenen äußeren Blättern der Rosenkohlröschen kannst du noch eine Gemüsepaste herstellen.

Meal Prep
Doppelte Menge des Salats zubereiten und am nächsten Tag essen. Die Rosenkohlrohkost ergibt auch eine leckere Beilage.

ROSENKOHLGRATIN
MIT PILZEN UND SÜSSKARTOFFELN

Für 2 Personen

1 Süßkartoffel
3 TL Rapsöl
100 g Shiitakepilze
200 g Rosenkohl
1 Stange Lauch
1 Knoblauchzehe
½ TL Salz
½ TL gemahlener Koriander
1 EL No-Fish-Sauce
(siehe Seite 29)
200 g Soja Cuisine
50 g geriebene vegane
Käse-Alternative
250 g Orangensaft
2 Sternanis
1 TL vegane Butter
1 Beet Gartenkresse

Aus den Basics

2 EL Gremolata (siehe Seite 157)
1 EL Tahin (siehe Seite 156)

Zeitaufwand

Zubereitung: 25 Minuten
Garen: 40 Minuten

1. Den Backofen auf 190 °C (Umluft) vorheizen. Ein Backblech mit einer Silikonbackmatte belegen. Die Süßkartoffel putzen, waschen und in 4 dicke Scheiben schneiden (à ca. 2,5 cm Breite). Die Scheiben nebeneinander auf das Blech setzen, mit 2 TL Öl beträufeln und im Ofen auf der mittleren Schiene etwa 20 Minuten garen.

2. Inzwischen die Pilze putzen und, falls nötig, trocken abreiben. Die Pilze mit 1 Spritzer Öl mischen und nach etwa 10 Minuten mit auf das Backblech geben, danach beides aus dem Ofen nehmen.

3. Den Rosenkohl putzen und die äußeren Blätter entfernen, den Rosenkohl waschen. Den Lauch putzen, den weißen Teil etwa 10 cm lang abschneiden und für die Sauce beiseitelegen. Den restlichen grünen Teil vom Lauch waschen und mit dem Rosenkohl in der Küchenmaschine grob häckseln. Den Knoblauch schälen und in feine Würfel schneiden.

4. Lauch- und Rosenkohlraspel sowie Knoblauch in einer Pfanne im übrigen Öl 3 bis 5 Minuten andünsten, mit Salz, Koriander, No-Fish-Sauce und Soja Cuisine würzen. Alles in einer kleinen Auflaufform (ca. 17 x 24 cm) verteilen und mit Käse und Gremolata bestreuen. Im Ofen auf der oberen Schiene etwa 20 Minuten garen.

5. Für die Sauce den Orangensaft in einem Topf aufkochen. Das Weiße vom Lauch in dünne Ringe schneiden und mit dem Sternanis zum Saft geben. Alles etwa 15 Minuten auf die Hälfte einkochen lassen, den Sternanis wieder entfernen. Den Lauch-Mix im Topf mit dem Stabmixer fein pürieren und mit der Butter binden.

6. Zum Servieren die Kresse vom Beet abschneiden, waschen und trocken tupfen. Das Gratin aus dem Ofen nehmen und mit Sauce, Pilzen und Süßkartoffeln auf Tellern anrichten. Mit der Kresse bestreuen und mit dem Tahin beträufeln.

So wird's veggie

Verwende Butter, Sahne und geriebenen Hartkäse aus Kuh- oder Schafmilch.

KÜRBIS

Manch ein Botaniker zählt die Kürbisse zu den Obstsorten, in den meisten Rezepten gelten sie aber als Gemüse. Es gibt Sorten, die vor allem im Sommer oder eher im Winter erntereif sind – du kannst also das ganze Jahr mit ihnen rechnen. Da ihr Fruchtfleisch neutral schmeckt, eignen sich Kürbisse für süße wie herzhafte Gerichte. Praktisch: Wenn du einen ganzen Kürbis kaufst, verarbeite ihn nach dem Rezept hier zu Püree. Das eignet sich dann für alle möglichen weiteren Gerichte – größere Mengen einfach portionsweise einfrieren.

VERWANDTE ♥

▶ Riesen- oder Winterkürbis
▶ Hokkaido-Kürbis (Potimarron)
▶ Butternut-Kürbis
▶ Spaghetti-Kürbis
▶ Auch: Melone, Zucchini, Gurke

NÄHRSTOFFE-BOOSTER ◎

Erst mal liefern Kürbisse wie ihre Verwandten Melonen und Gurken fast 90 Prozent Wasser. Dann enthalten sie aufgrund der Farbe nennenswerte Mengen an Carotinoiden – sekundären Pflanzenstoffen mit antioxidativem Potenzial.

SAISON 🍂 ❄
Herbst // Winter

CO₂-FOOTPRINT 🔵
0,2 kg CO_2-eq/kg

KÜRBISPÜREE

Für 1 Glas (ca. 400 g) den Backofen auf 190 °C (Umluft) vorheizen. Ein Backblech mit einer Silikonbackmatte belegen. 500 g Hokkaido- oder Butternut-Kürbis vierteln, schälen und die Kerne mit einem Löffel entfernen (diese gern weiterverwenden, siehe Seite 166). Den Kürbis mit 2 EL Olivenöl bestreichen, auf das Blech setzen und im Ofen etwa 50 Minuten backen. Eine Garprobe machen, ob der Kürbis weich ist. Anschließend aus dem Ofen nehmen, in grobe Stücke schneiden und im Mixer fein pürieren. Auf sterilisierte Gläser verteilen und heiß einwecken. Würzen erst beim Verwenden. Hält sich gekühlt etwa 2 Monate.

REZEPT

WEITERE REZEPTE IM BUCH

▶ Butternut-Kürbis mit Lauch-Pilz-Creme, Seite 132
▶ Herzhafte Kürbiswaffeln mit Apfel und Kresse, Seite 134
▶ Kürbis-Porridge mit Früchten und Nüssen, Seite 136
▶ Kürbis-Nuss-Kuchen mit Dinkelstreuseln, Seite 138

REGROWING ❁
gut möglich (Kürbiskerne)

BUTTERNUT-KÜRBIS
MIT LAUCH-PILZ-CREME

Für 2 Personen

1 kleiner Butternut-Kürbis

Für die Marinade
1 TL Traubenkernöl
1 TL flüssiger Honig
1 durchgepresste Knoblauchzehe
½ TL Korianderkörner
½ TL Madras-Currypulver

Für die Creme
80 g Lauch (nur der weiße Teil,
Rest für grünes Lauchöl von
Seite 143 verwenden)
1 Knoblauchzehe
3 Zweige Thymian
100 g Pilze (z. B. Champignons,
Kräuterseitlinge, Austern- oder
Shiitakepilze)
1 EL Rapsöl
25 g vegane Butter
25 g Dinkelmehl (Type 630)
300 ml ungesüßter Cashewdrink
1 Lorbeerblatt
Salz, Pfeffer aus der Mühle
frisch geriebene Muskatnuss
2 EL Hefeflocken
Salzflocken

Aus den Basics

1 EL Gremolata (siehe Seite 157)
1 EL grünes Lauchöl
(siehe Seite 143)

Zeitaufwand

Zubereitung: 25 Minuten
Garen: 50 Minuten

1. Den Backofen auf 190 °C (Umluft) vorheizen. Den Kürbis gut waschen, trocken tupfen und längs halbieren. Die Hälften nebeneinander in eine Auflaufform setzen und die Kerne mit einem Löffel entfernen. Alle Zutaten für die Marinade verrühren und das Fruchtfleisch beider Hälften damit bestreichen. Den Kürbis im Ofen auf der mittleren Schiene etwa 50 Minuten garen (Gartest!).

2. Inzwischen für die Creme den Lauch putzen, waschen und in Streifen schneiden. Knoblauch schälen und fein würfeln. Thymian waschen, trocken tupfen und Blätter abzupfen. Die Pilze putzen, falls nötig, trocken abreiben und in dünne Scheiben schneiden.

3. Das Öl in einer Pfanne erhitzen und Lauch, Knoblauch und Thymian darin etwa 2 Minuten andünsten. Die Pilze dazugeben und etwa 3 Minuten mitdünsten. Anschließend aus der Pfanne nehmen und beiseitestellen.

4. Die Butter in der Pfanne zerlassen, das Mehl einstreuen und mit einem Schneebesen verrühren. Vom Herd nehmen und den Cashewdrink einarbeiten. Die Gewürze hinzufügen, die Pfanne wieder auf den Herd stellen und die Sauce bei schwacher Hitze noch etwa 8 Minuten ziehen lassen, dabei ab und zu umrühren. Zuletzt Hefeflocken und Pilze hinzufügen.

5. Zum Servieren die Kürbishälften aus dem Ofen nehmen und auf Tellern anrichten. Mit der Creme füllen, mit Gremolata und Salzflocken bestreuen und mit grünem Öl beträufeln.

No Food Waste

Aus ausgelösten Kürbiskernen könnt ihr noch einen würzigen Snack backen (siehe Seite 166).

Tausch doch

Die Kürbishälften schmecken auch mit Misobutter (siehe Seite 122) oder mit Tofuaufstrich (siehe Seite 154) anstelle der Lauch-Pilz-Creme. Nach dem gleichen Rezept könnt ihr auch die Hälften von kleinen Hokkaidokürbissen oder Spalten vom Muskatkürbis garen.

HERZHAFTE KÜRBISWAFFELN MIT APFEL UND KRESSE

Für 2 Personen

1 großer Apfel (z. B. Boskop)
1 kleine rote Zwiebel
2 EL vegane Butter
1 TL gehackter Rosmarin
2 TL Kokosblütensirup
gemahlener Koriander
120 g Dinkelmehl (Type 630)
½ TL Salz
Pfeffer aus der Mühle
¼ TL Backpulver
½ TL Natron
1 TL Apfelessig
120 ml ungesüßter Haferdrink
100 g vegane Feta-Alternative
Öl für das Waffeleisen
1 Beet Gartenkresse
1 TL Olivenöl

Aus den Basics

1 Ei (Größe M)
120 g Kürbispüree (siehe Seite 131)

Zeitaufwand

Zubereitung: 30 Minuten

1. Den Apfel waschen, vierteln und das Kerngehäuse entfernen. Je 2 Apfelviertel in kleine Würfel und 2 Viertel in Spalten schneiden. Die Zwiebel schälen und fein würfeln. Apfelwürfel und Zwiebel in einer Pfanne in der Butter bei mittlerer Hitze etwa 4 Minuten andünsten. Den Rosmarin dazugeben und etwa 1 Minute mitdünsten. Aus der Pfanne nehmen und beiseitestellen.

2. Dann die Apfelspalten mit 1 TL Kokosblütensirup in der Pfanne bei mittlerer Hitze etwa 10 Minuten schmoren. Mit 1 Prise Koriander würzen. Vom Herd nehmen und beiseitestellen.

3. Für die Waffeln Mehl, Salz, Pfeffer, Backpulver und Natron in einer Rührschüssel mischen. Ei oder Flax Egg, Kürbispüree, übrigen Kokosblütensirup, Essig und Haferdrink hinzufügen und alles mit einem Schneebesen unterrühren. Den Feta dazukrümeln, zuletzt die Zwiebel-Apfel-Mischung unterheben.

4. Das Waffeleisen auf höchste Stufe erhitzen und leicht mit Öl einfetten. Die Hälfte der Masse hineingeben und auf höchster Stufe 7 bis 8 Minuten backen. Die Waffel herausnehmen und abkühlen lassen. Die restliche Masse auf die gleiche Weise zu einer zweiten Waffel backen.

5. Zum Servieren die Kresse vom Beet abschneiden, waschen und trocken tupfen. Mit Olivenöl und mit den Apfelspalten mischen. Die Waffeln auf Tellern mit dem Apfel-Kresse-Mix anrichten.

So wird's vegan
Verwende ein Flax Egg (siehe Seite 167) anstelle des Hühnereis.

No Food Waste
Aus Resten von Äpfeln (z. B. Apfel-Trester vom Entsaften) könnt ihr noch eine Art Crunch oder Fruchtleder herstellen.

Meal Prep
Doppelte Menge der Waffeln backen und einfrieren. Zum Essen einfach kurz im Toaster aufbacken.

KÜRBIS-PORRIDGE
MIT FRÜCHTEN UND NÜSSEN

Für 2 Personen

90 g zarte Haferflocken
450 ml ungesüßter Haferdrink
1 TL Zimtpulver
¼ TL gemahlener Kardamom
frisch geriebene Muskatnuss
1 TL geriebener Bio-Ingwer
(mit Schale)
Salz
3 EL Kokosblütensirup
2 EL Pekannüsse
2 TL Sauerkirschen (außerhalb
der Saison getrocknete Kirschen)
2 EL Blaubeeren (frisch oder
tiefgekühlt)

Aus den Basics

120 g Kürbispüree (siehe Seite 131)

Zeitaufwand

Zubereitung: 15 Minuten
Garen: 15 Minuten

1. In einem kleinen Topf Haferflocken, Haferdrink und Kürbispüree mit einem Schneebesen gründlich verrühren und mit Zimt, Kardamom, Muskatnuss, Ingwer, 1 Prise Salz und 2 EL Kokosblütensirup würzen. Alles langsam erhitzen und bei mittlerer Hitze 12 bis 15 Minuten köcheln lassen, dabei ab und zu umrühren.

2. Inzwischen die Pekannüsse grob hacken. Die Kirschen und die Beeren verlesen, waschen und trocken tupfen.

3. Zum Servieren den Porridge auf kleine Schalen verteilen und mit Pekannüssen, Kirschen und Beeren garnieren. Mit dem restlichem Kokosblütensirup beträufeln.

So wird's veggie

Verwende Kuh- oder Schafmilch statt Haferdrink für den Porridge.

Meal Prep

Doppelte Menge an Porridge kochen und für das Frühstück am nächsten Tag kühl stellen.

Tausch doch

Diesen Porridge könnt ihr natürlich mit jedem Obst der Saison und Nüssen nach Belieben toppen! Im Frühling passt z. B. ein Rhabarberkompott super: Dafür 300 g Rhabarber (ca. 6 Stangen gut waschen, die holzigen Enden und die Fasern abziehen und die Stangen in etwa 2 cm große Rauten schneiden. In 150 ml Orangensaft etwa 10 Minuten blanchieren, in ein Sieb abgießen und den Saft auffangen. Den Rhabarber abtropfen lassen und die Stücke auf einem Teller nebeneinander abkühlen lassen.

KÜRBIS-NUSS-KUCHEN MIT DINKELSTREUSELN

Für 1 Kastenform (ca. 11 x 20 cm)

Für die Streusel
50 g Dinkelflocken
½ TL Kürbisgewürz
50 g zerlassene Butter
20 g brauner Zucker
Salz

Für den Kuchen
50 g Zucker
80 g brauner Zucker
200 g gemahlene Haselnüsse
50 g Dinkelmehl (Type 630)
½ TL Backpulver
5 g geriebener Bio-Ingwer
(mit Schale)
1 TL Zimtpulver
1 Prise frisch geriebener
Muskatnuss
1 Prise gemahlener Kardamom
1 Prise Salz
100 ml Rapsöl
110 ml ungesüßter Mandeldrink
2 Eier (Größe L)

Aus den Basics

425 g Kürbispüree (siehe Seite 131)

Zeitaufwand

Zubereitung: 15 Minuten
Backen: 1 Stunde 15 Minuten

1. Für die Streusel die Dinkelflocken in der Küchenmaschine zu grobem Mehl zerkleinern. Wer will, mischt sich das Kürbisgewürz selbst aus 1 TL frisch geriebener Muskatnuss, 3 TL Zimtpulver, 1 TL gemahlenem Piment, ½ TL gemahlenen Nelken und 1 TL Ingwerpulver. Mehl, Kürbisgewürz, zerlassene Butter, Zucker und 1 Prise Salz zu Streuseln verarbeiten und kühl stellen.

2. Für den Kuchen den Backofen auf 175 °C (Umluft) vorheizen. Die Form mit Backpapier auskleiden. In einer Rührschüssel alle trockenen Zutaten mischen. Anschließend Kürbispüree, Öl und Mandeldrink hinzufügen und mit den Quirlen des Handrührgeräts gründlich unterrühren. Zuletzt die Eier nacheinander dazugeben und gleichmäßig untermischen.

3. Den Teig in die Form füllen und die Streusel darüberkrümeln. Den Kuchen im Ofen auf der mittleren Schiene etwa 1 Stunde 15 Minuten backen (Stäbchenprobe!). Den Kuchen aus dem Ofen nehmen und auf einem Kuchengitter vollständig abkühlen lassen. Zum Servieren den Kuchen in Scheiben schneiden.

So wird's vegan
Verwende 2 Flax Eggs (siehe Seite 167) anstelle der Hühnereier.

Meal Prep
Der Kuchen lässt sich scheibenweise einfrieren. Das übrige Kürbisgewürz in einem dunklen Glas aufbewahren, es passt auch gut zum Porridge von Seite 136.

Tausch doch
Geht genauso mit gemahlenen Mandeln statt Haselnüssen!

NO FOOD WASTE

TRESTER-CRACKER MIT SAATEN-MIX

Aus meinem geliebten Rotkohl-Trester backe ich hier noch knusprige Cracker. Die gehen aber auch mit Resten von anderem Gemüse: Wenn ihr Möhren, Pastinaken oder Apfel entsaftet, hebt doch mal den Trester hiervon auf und verarbeitet ihn ebenfalls mit diesem Rezept. Die herzhaften Cracker passen als Beilage zu Suppen und Salaten, eignen sich zum Snacken für zwischendurch und schmecken lecker mit Brotaufstrichen.

Für 12 Stück

100 g Leinsamen
60 g Kürbiskerne
200 g gelbe Paprikaschoten
200 g Rotkohl-Trester (siehe Seite 43)
15 g Hefeflocken
½ TL gemahlener Kreuzkümmel
½ TL getrockneter Oregano
¼ TL getrockneter Rosmarin
Salz, Pfeffer aus der Mühle

Zeitaufwand

Zubereitung: 15 Minuten | Einweichen: 10 Minuten
Backen: 2 Stunden

Die Leinsamen und Kürbiskerne in einer Schüssel mit 300 ml heißem Wasser übergießen und etwa 10 Minuten einweichen. Inzwischen die Paprikaschoten längs halbieren, entkernen, waschen und klein würfeln. Den Backofen auf 140 °C (Umluft) vorheizen. Ein Backblech mit einer Silikonbackmatte auslegen. Die eingeweichten Samen und Kerne samt Einweichwasser mit den übrigen Zutaten in eine Rührschüssel geben und alles kompakt mischen. Die Masse auf der Silikonmatte gleichmäßig dünn verstreichen und im Ofen etwa 2 Stunden mehr trocknen als backen. Herausnehmen und in mundgerechte Stücke brechen.

ZWIEBELGEMÜSE

Sie sind die Allrounder unter den Gemüsen – fast das ganze Jahr von heimischen Äckern erhältlich, fast in jedes Rezept integrierbar. Aus Zwiebel und Knoblauch bereite ich mir auch zwei leckere Basics mit zartem Schmelz zu, die man zu fast jedem Gericht servieren kann (siehe Seiten 160 und 161). Die „grünen" Verwandten – Frühlingszwiebeln und Lauch – behalten auch beim Garen ihre Struktur und eignen sich als Gemüse und Garnitur.

VERWANDTE ♥

- ▶ Zwiebel, Schalotten
- ▶ Knoblauch
- ▶ Schnittlauch
- ▶ Frühlingszwiebeln
- ▶ Lauch

NÄHRSTOFFE-BOOSTER ◎

Alle Zwiebelabkömmlinge liefern neben Vitaminen und Mineralstoffen (z. B. Kalium) die aromaintensiven, aber auch gesunden Schwefelverbindungen der Sulfide. Damit können sie den Appetit und die Magen-Darm-Tätigkeit anregen.

SAISON 🍂 ❄
Herbst // Winter

CO₂-FOOTPRINT CO_2
Lauch und Zwiebel: 0,2 kg CO_2-eq/kg

GRÜNES LAUCHÖL

Für 1 Glas (ca. 200 g): 200 g Lauch (nur die grünen Abschnitte) putzen, waschen und trocken tupfen. Mit 200 ml neutralem Pflanzenöl im Blitzhacker oder in der Küchenmaschine kurz mixen. Den Mix in einen Topf geben und langsam auf etwa 80 °C erhitzen (Speisethermometer!). Anschließend durch ein Passiertuch gießen und das grüne Öl auffangen, die Lauchreste entfernen. Das Öl am besten in einem dunklen Gefäß aufbewahren, so behält es seine schöne grüne Farbe. Gekühlt ist das Öl gut 1 Woche haltbar.

WEITERE REZEPTE IM BUCH

REGROWING ⚘
gut möglich

ZWIEBELSUPPE
MIT GRUYÈRE

Für 2 Personen

100 ml Sojasauce
Salz, Pfeffer aus der Mühle
2 Scheiben Walnussbrot
1 Knoblauchzehe
Olivenöl zum Beträufeln
100 g geriebener Gruyère

Aus den Basics

2 Gläser Zwiebel-Confit
(siehe Seite 160)
600 ml Gemüsebrühe (siehe
Seite 158 oder Bio-Gemüsebrühe)

Zeitaufwand

Zubereitung: 15 Minuten
Garen: 1 Stunde 15 Minuten

1. Den Backofen auf 190 °C (Umluft) vorheizen. Das Zwiebel-Confit in eine Pfanne geben und mit geschlossenem Deckel bei mittlerer Hitze mindestens 30 Minuten weitergaren. Dazu bei Bedarf noch etwas Wasser hinzufügen.

2. Anschließend den Zwiebel-Mix stark erhitzen, die Sojasauce dazugießen und vollständig einkochen lassen. Mit der Brühe aufgießen und mit geschlossenem Deckel nochmals 30 Minuten köcheln lassen, zuletzt mit Salz und Pfeffer abschmecken.

3. Inzwischen das Weißbrot im Ofen auf der mittleren Schiene 5 bis 8 Minuten goldbraun rösten. Den Knoblauch schälen. Das Brot aus dem Ofen nehmen, sofort mit Knoblauch einreiben und mit Olivenöl beträufeln. Dann in mundgerechte Würfel schneiden.

4. Die Suppe auf ofenfeste Suppenschalen verteilen und mit etwas Gruyère bestreuen. Die gerösteten Brotwürfel daraufgeben und mit dem übrigen Gruyère bestreuen. Die Suppen im Ofen etwa 15 Minuten goldbraun überbacken.

5. Die Zwiebelsuppe aus dem Ofen nehmen und sofort servieren, nach Belieben mit Dillspitzen garnieren.

So wird's vegan

Verwende Gremolata statt Gruyère, dann musst du sie aber nicht mehr im Ofen überbacken.

Meal Prep

Doppelte Menge der Suppe kochen und einfrieren oder am nächsten Tag essen.

Tausch doch

Du kannst die Zwiebelsuppe genauso mit anderen Brotsorten überbacken, es muss kein Walnussbrot sein!

FRITTIERTE ZWIEBELRINGE
MIT FETO UND SALAT

Für 2 Personen

1 Feto (fermentierter Tofu;
ersatzweise Tofu natur)
1 große gelbe Zucchini (ca. 300 g)
1 Handvoll Rucola
1 kleine Handvoll junger Spinat
1 sehr große Gemüsezwiebel
150 ml Mineralwasser,
mit Kohlensäure
100 g Mehl
30 g Maisstärke
1 TL Backpulver
½ l Rapsöl zum Frittieren
(wiederverwendbar!)
1 Handvoll dunkle Trauben
5 Erdbeeren
Salzflocken

Aus den Basics

4 EL Honig-Senf-Dressing
(siehe Seite 164)

Zeitaufwand

Zubereitung: 30 Minuten
Marinieren: 1 Stunde

1. Den Feto in Würfel schneiden und in einer Salatschüssel mit dem Honig-Senf-Dressing mischen, etwa 1 Stunde marinieren.

2. Inzwischen die Zucchini putzen, waschen und auf der Gemüsereibe grob raspeln, beiseitestellen. Rucola und Spinat verlesen, waschen und trocken schleudern. Beides zu den Zucchini geben.

3. Für die Zwiebelringe die Gemüsezwiebel schälen und quer in etwa 1 cm dicke Scheiben schneiden. Jede Scheibe in zwei Teile teilen: einen inneren Teil und einen äußeren Ring. Für den Backteig in einer Schüssel Mineralwasser, Mehl, Stärke und Backpulver mit einem Schneebesen glatt verrühren.

4. Das Rapsöl in einem Topf oder einer Fritteuse auf 180 °C erhitzen. Die Zwiebelstücke in den Backteig tauchen, kurz abtropfen lassen und im heißen Öl portionsweise ausbacken. Herausnehmen und auf Küchenpapier abtropfen lassen. Anschließend nach Wunsch noch ein- oder zweimal goldgelb frittieren.

5. Zum Servieren Trauben und Erdbeeren putzen und waschen, größere Exemplare halbieren. Zucchini, Rucola und Spinat zum marinierten Feto geben und vorsichtig mischen. Den Salat auf Tellern anrichten und mit den Früchten garnieren. Die Zwiebelringe mit 1 Prise Salzflocken bestreuen und dazu reichen.

So wird's veggie
Verwende Feta (Schafskäse) statt veganem Feto.

Regrowing
Wurzelansätze von der Zwiebel und Kernchen von Erdbeeren lassen sich wieder zum Sprießen bringen (siehe Seite 27).

No Food Waste
Das Frittierfett kannst du mehrmals verwenden. Dazu das Fett erst abkühlen lassen und durch einen Papierfilter geben, dann in einem dunklen Gefäß kühl lagern.

GRAUPEN-RISOTTO
MIT LAUCH UND ERBSEN

Für 2 Personen

100 g Lauch (weiße und hellgrüne
Teile, Rest für grünes Lauchöl von
Seite 143 verwenden)
2 EL Rapsöl
200 g Perlgraupen
1 Schuss naturtrüber Apfelsaft
170 g tiefgekühlte Erbsen,
aufgetaut
Salz, Pfeffer aus der Mühle
frisch geriebene Muskatnuss
1 EL vegane Butter
30 g geriebener Parmesan
6 Stiele Brunnenkresse
etwas abgeriebene Bio-Zitronenschale

Aus den Basics

800 ml Gemüsebrühe (siehe
Seite 158 oder Bio-Gemüsebrühe)

Zeitaufwand

Zubereitung: 45 Minuten

1. Den Lauch gründlich waschen, den Wurzelansatz entfernen
und den Lauch klein schneiden. Einen Topf erhitzen und den
Lauch im Öl darin bei mittlerer Hitze andünsten. Die Graupen dazugeben und 1 Minute mitdünsten, dann mit dem Saft ablöschen.

2. Anschließend die Brühe nach und nach dazugießen und immer
wieder einkochen lassen. Das Risotto etwa 30 Minuten garen,
dabei ab und zu umrühren. Etwa 10 Minuten vor Ende der Garzeit
die Erbsen hinzufügen und mitgaren.

3. Zum Servieren das Risotto mit Salz, Pfeffer und Muskatnuss
abschmecken. Die Butter und den Parmesan unterziehen. Die
Brunnenkresse verlesen, waschen und trocken tupfen. Das Risotto
auf Schalen oder tiefe Teller verteilen und mit Zitronenschale und
Brunnenkresse garnieren.

So wird's vegan

Verwende statt Parmesan die selbst gemachte Gremolata von
Seite 157.

No Food Waste

Wenn vom Risotto etwas übrig bleibt, am besten noch heiß in ein
steriles Glas füllen und einwecken (siehe Seite 159). Dann hält es
sich im Kühlschrank etwa 2 Wochen.

Tausch doch

Natürlich kannst du das Risotto auch mit Risotto-Reis zubereiten.
Graupen sind Produkte aus Gerste oder Weizen, der Anbau dieser
Getreide benötigt deutlich weniger Wasser als Reis (siehe Seite 17).
Daher weiche ich, wenn möglich, auf Reis-Alternativen aus.

TARTE TATIN
MIT BUNTEN ZWIEBELN

Für 1 ofenfeste Pfanne
(ca. 21 cm Durchmesser)

1 runder Tarteteig
(aus dem Kühlregal; ca. 300 g)
2 weiße Zwiebeln
1 rote Zwiebel
40 g vegane Butter
1 TL brauner Zucker
3 EL geriebener Gruyère
einige Frühlingszwiebelringe
zum Garnieren

Aus den Basics

3 EL Zwiebel-Confit
(siehe Seite 160)

Zeitaufwand

Zubereitung: 10 Minuten
Garen: 35 Minuten

1. Den Backofen auf 200 °C (Umluft) vorheizen. Falls nötig, den Tarteteig in Form schneiden. Den Rand rundum umschlagen, sodass sich ein kleiner erhabener Rand bildet. Den Boden mit einer Gabel mehrmals einstechen, kühl stellen.

2. Die Zwiebeln halbieren und vom Strunk nur ein kleines Stück abschneiden, damit die Zwiebelhälften beim Schneiden unten noch zusammenhalten. Die Hälften schälen und keilförmig jeweils in vier Stücke schneiden.

3. Die ofenfeste Pfanne dick mit der Butter einfetten und den Zucker darin verstreuen. Die Zwiebelspalten kreisrund in der Pfanne verteilen, die Pfanne erhitzen und die Zwiebeln darin 7 bis 10 Minuten goldbraun karamellisieren.

4. Das Zwiebel-Confit über die karamellisierten Zwiebeln in der Pfanne verteilen, insbesondere die Lücken damit füllen. Den Käse darüberstreuen. Die Teigplatte mit dem Rand nach unten auf die karamellisierten Zwiebeln legen und leicht andrücken. (Der Teig muss nicht vollständig mit dem Pfannenrand abschließen, der Dampf soll am Rand abziehen können.)

5. Die Tarte in der Pfanne im Ofen auf der mittleren Schiene etwa 35 Minuten goldbraun backen. Herausnehmen und erst 10 Minuten ruhen lassen, dann die Tarte vorsichtig auf einen flachen Teller stürzen. Sollte ein Zwiebelchen am Pfannenboden kleben bleiben, einfach ablösen und wieder in die Tarte einsetzen. Zum Servieren mit den Frühlingszwiebelringen bestreuen.

Regrowing
Wurzelansätze von Lauch und Schalotte lassen sich wieder zum Sprießen bringen (siehe Seite 27).

Für den Vorrat
Die Tarte hält sich im Kühlschrank 3 bis 4 Tage.

BASICS

Auf den nächsten Seiten findest du Grundrezepte für selbst gemachte Dips und Aufstriche, Brühen und Saucen, Würzmischungen und Toppings. Sie tauchen alle bei mindestens einem meiner Rezepte auf – unter jedem Basic findest du die dazugehörigen Rezeptnamen mit Seitenangabe. Mit den Würzölen und Gemüsesaucen werden Nudeln zu Mmh-Erlebnissen, Pickles und Confits sind die perfekte Ergänzung zu Quiche, Omelett oder Broten oder schenken Saucen und Gerichten mit Getreide eine delikate Würze – die idealen Zutaten für spontane, planetenfreundliche Kochaktionen!

TOFUAUFSTRICH

Wenn du klimafreundlich Soja einkaufen willst, achte auf die Angabe „aus EU-Landwirtschaft" oder auf das grüne EU-Bio-Siegel. So kannst du helfen, die Regenwälder oder die brasilianische Cerrado-Savanne zu schützen, aus der im Jahr 2018 etwa 23 Prozent der gesamten EU-Soja- bohnen-Importe stammten.

Den Tofu grob würfeln. Dann mit Hefeflocken, Miso, Cashewdrink, Kokosöl, Zwiebel- und Knob- lauchpulver sowie der Hälfte des Dills in einen Mixer geben und fein pürieren. Zum Servieren den Aufstrich auf die Sauerteigbrote verteilen. Die Tomaten waschen und vierteln, auf die Brote setzen und alles mit restlichem Dill, Sesam und Salzflocken garnieren.

 **Meal Prep**

▶ Der Tofuaufstrich passt auf jedes Brot und ersetzt damit Aufstriche aus Kuhmilch.

▶ 1 Rezept für die Quetschkartoffeln ohne Salat (siehe Seite 112)

▶ 1 Rezept für den gebackenen Butternut- Kürbis anstelle der Sauce (siehe Seite 132)

Für 2 Personen

200 g geräucherter Tofu
1 EL Hefeflocken
1 TL helle Misopaste
100 ml ungesüßter Cashewdrink
1 TL natives Kokosöl
½ TL Zwiebelpulver
¼ TL Knoblauchpulver
1 EL gehackte Dillspitzen
4 Scheiben Sauerteigbrot
4 Cocktailtomaten
1 EL geröstete helle Sesamsamen
Salzflocken

Zeitaufwand

Zubereitung: 15 Minuten

OLIVEN-TAPENADE

Oliven sind nicht nur eines der hochwertigsten Lebensmittel der Welt, ihr Anbau kann auch das Klima verbessern. Denn ein traditionell gepflanzter Olivenbaum spielt eine wichtige Rolle beim Schutz der biologischen Vielfalt sowie bei der Verbesserung des Bodens und verhindert Wüstenbildung. Um diese Art des Anbaus zu fördern, beim Kauf am besten zu Bio-Öl greifen. Es stammt in der Regel aus Olivenhainen, die vor allem mit Regenwasser gewässert werden.

Den Knoblauch schälen und fein würfeln. Die getrockneten Brotscheiben in der Küchenmaschine zügig zu groben Bröseln verarbeiten. Die Oliven klein würfeln. Eine beschichtete Pfanne erhitzen, das Öl dazugeben und den Knoblauch darin kurz andünsten. Die Brotbrösel hinzufügen und unter Wenden etwa 3 Minuten goldgelb rösten. Die gehackten Oliven unterrühren und alles noch etwa 3 Minuten dünsten. Anschließend den Mix abkühlen lassen und die Zitronenschale untermischen. Die Tapenade in ein sauberes Glas füllen. Sie hält sich gekühlt etwa 2 Wochen.

Für 1 Glas (ca. 150 g)

1 Knoblauchzehe
2 Scheiben getrocknetes Sauerteigbrot
oder altbackenes Brot
100 g Kalamata-Oliven, entsteint
2 TL Rapsöl
abgeriebene Schale von ½ Bio-Zitrone

Zeitaufwand

Zubereitung: 20 Minuten

Meal Prep

▶ Die Tapenade passt als Topping für Brote, Salate oder Quiches. Sie begleitet mediterrane Hauptgerichte – du kannst sie wie ein Pesto für Pasta verwenden.

▶ 1 EL für das Weißkohl-Omelett (siehe Seite 54)

▶ 2 EL für den Grünkohl mit Ofenkürbis und Feta (siehe Seite 84)

▶ 2 TL für die Zucchinisuppe (siehe Seite 106)

SELBST GEMACHTES TAHIN

Sesam ist die älteste Ölpflanze der Welt und eines der gesündesten Lebensmittel, vorausgesetzt es stammt aus Bio-Anbau. Der in Europa verwendete Sesam stammt meistens aus Äthiopien, dem Sudan, Indien und Burkina Faso. Weltweit steigt der Sesambedarf um 3 bis 4 Prozent pro Jahr, der Anbau kann aufgrund der Klimaveränderungen damit nicht mithalten. Ich rate bei Sesam stets zu Bio-Qualität, um möglichen Schadstoffbelastungen zu entgehen.

Den Sesam in einer Pfanne ohne Fett bei mittlerer Hitze unter Rühren etwa 5 Minuten goldgelb rösten. Herausnehmen und abkühlen lassen. Anschließend im Blitzhacker mit dem Öl fein mixen und mit dem Salz würzen. In ein Glas füllen und kühl aufbewahren.

Für 1 Glas (ca. 350 g)

250 g helle Sesamsamen
100 ml Olivenöl
3 g Salz

Zeitaufwand

Zubereitung: 15 Minuten

Meal Prep

▶ Tahin eignet sich als Brotaufstrich und für Dips, zum Bestreichen von Bananen oder zum Füllen von Datteln. Es passt auch mit Frühstückskonfitüre aufs Brot.

▶ 50 g für Rohkostsalat mit Rotkohl und Tahin-Dressing (siehe Seite 44)

▶ 1 EL für das Rosenkohlgratin (siehe Seite 128)

GREMOLATA

Knoblauch kommt oft aus China und hat damit eine lange umweltbelastende Reise hinter sich, bevor er im Gemüseregal deines Supermarkts landet. Dabei kannst du Knoblauch ganz einach selbst anbauen: Pflanze dazu eine Knoblauch- zehe in die Erde und halte die Erde feucht. Sobald sie zu sprießen beginnt, schneide den Spross etwas zurück. So regst du die Bildung der Knolle an. Pflanzzeiten sind Februar und Oktober, ernten kannst du im Sommer des Folgejahres.

Den karamellisierten Knoblauch in einer Pfanne erhitzen (Achtung, er soll nicht braten, sonst wird er bitter!). Das Panko dazugeben und darin unter Rühren 8 bis 10 Minuten goldgelb rösten. Anschließend mit Hefeflocken und 1 Prise Salz abschmecken und in ein sauberes Glas füllen. Die Gremolata hält sich gekühlt etwa 1 Woche.

Für 1 Glas (ca. 150 g)

2 EL karamellisierter Knoblauch (siehe Seite 161)
50 g Panko (asiat. Paniermehl)
1 EL Hefeflocken
Salz

Zeitaufwand

Zubereitung: 15 Minuten

Tipp

So kannst du Gläser sterilisieren: Den Backofen auf 130 °C vorheizen. Die gewünschten Gläser heiß ausspülen und mit der Öffnung nach unten auf ein sauberes Ofengitter stellen. Das Gitter in den Ofen auf die mittlere Schiene mit einem Backblech darunter schieben und in das Blech etwa 2 cm hoch kochend heißes Wasser füllen. Die Gläser etwa 30 Minuten sterilisieren.

Meal Prep

▶ Die Gremolata eignet sich zum Überbacken von Gratins und überhaupt als pflanzen- basierter Parmesanersatz auf Pasta. Macht sich auch super als Crunch auf einem Früh- stücksomelett.

▶ 2 EL für den Frühlingssalat (siehe Seite 36)

▶ 2 EL für die Pasta mit Möhrencreme (siehe Seite 93)

▶ 2 EL für das Rosenkohlgratin (siehe Seite 128)

▶ 1 EL für den Butternut-Kürbis (siehe Seite 132)

SELBST GEMACHTE GEMÜSEBRÜHE

Die im Rezept angegebenen Mengen dienen der groben Orientierung. Im Grunde kannst du beliebig viele Gemüseabschnitte und -schalen zum Andünsten verwenden – natürlich auch von anderen Gemüsesorten. Die Brühe lässt sich sofort verwenden oder noch einwecken (siehe Seite 157). Sie hält sich im Kühlschrank etwa 5 Tage, im Tiefkühlfach 4 bis 6 Monate.

Die Zwiebel schälen und grob schneiden. Den Knoblauch schälen. Lauch und Sellerie putzen, waschen und grob schneiden. Das Öl in einem Topf erhitzen und Sternanis, Fenchel und Koriander darin kurz andünsten. Dann Zwiebel, Knoblauch, Lauch und Sellerie dazugeben und alles etwa 3 Minuten andünsten. Nach Belieben mit 1 Schuss Weißwein ablöschen, dann 1½ l Wasser dazugießen, Salz und Lorbeerblätter hinzufügen. Alles mit nicht vollständig geschlossenem Deckel bei schwacher Hitze etwa 45 Minuten köcheln lassen. Anschließend in ein Sieb abgießen und auffangen, Gemüse und Gewürze entfernen.

Meal Prep

▶ Die Brühe lässt sich vielseitig einsetzen – vor allem, um Suppen anzusetzen und Saucen zu verfeinern.

Für 1 Glas (ca. 1 l)

1 Gemüsezwiebel
3 Knoblauchzehen
1 Stange Lauch
4 Stangen Staudensellerie
1 EL Rapsöl
1 Sternanis
1 TL Fenchelsamen
1 TL Korianderkörner
1 TL Salz
2 Lorbeerblätter

Zeitaufwand

Zubereitung: 10 Minuten | Garen: 45 Minuten

TOMATENSAUCE FÜR DEN VORRAT

Du kannst die Tomatensauce natürlich gleich weiterverarbeiten. Vielleicht möchtest du sie aber auch für den Vorrat haltbar machen. Dazu einfach in sterilisierte Einkochgläser füllen und diese fest verschließen. Im Kochtopf beträgt die Einkochzeit bei gut 90 °C 25 bis 30 Minuten. Im vorgeheizten Ofen (ca. 130 °C) lässt man die Sauce ebenfalls garen, und zwar so lange, bis im Glas Bläschen aufsteigen. Dann den Ofen abschalten, die Gläser nach etwa 30 Minuten herausnehmen und vollständig abkühlen lassen.

Den Knoblauch schälen und fein würfeln. Das Öl in einem großen Topf erhitzen und den Knoblauch darin andünsten. Tomatenmark und Zucker dazugeben und ebenfalls leicht andünsten. Passierte und stückige Tomaten dazugeben und alles mit Sauce und Salz würzen. Die Sauce offen bei schwacher Hitze etwa 3 Stunden köcheln lassen, dabei ab und zu umrühren (am besten in einem Standmixer mit Kochfunktion arbeiten). Die Sauce noch heiß in sterilisierte Gläser füllen und wie oben beschrieben einwecken. Anschließend die Gläser abkühlen lassen und kühl stellen, so hält sich die Tomatensauce etwa 2 Monate.

Für 5 Flaschen (à ca. 400 g)

10 g Knoblauch
1 EL Rapsöl
100 g Tomatenmark (doppelt konzentriert)
10 g brauner Zucker
1½ kg passierte Tomaten
(aus dem Glas, in guter Qualität)
400 g stückige Tomaten
(aus dem Glas, in guter Qualität)
20 ml Worcestershiresauce oder
No-Fish-Sauce
10 g Salz

Zeitaufwand

Zubereitung: 10 Minuten | Garen: 3 Stunden

Meal Prep

▶ Die Tomatensauce lässt sich vielseitig einsetzen und zur Haupterntezeit wunderbar auf Vorrat herstellen.

▶ 400 g für die Wirsingrouladen (siehe Seite 76)

▶ 250 g für den Pizzabelag (siehe Seite 116)

ZWIEBEL-CONFIT

Confieren kommt aus der französischen Küche und meint so viel wie einkochen. Die Zwiebeln erhalten durch das lange Garen eine süßliche Note. Aroma gibt auch der Weißwein – achte beim Weinkauf am besten auf das FAIR'N GREEN-Siegel. In Zusammenarbeit mit Wissenschaftlern haben regionale Winzer aus Deutschland, Italien, Frankreich, Italien, Schweiz und Österreich dieses Siegel für nachhaltigen Weinbau entwickelt. FAIR'N GREEN hilft, Nachhaltigkeitsziele wie die Senkung der CO_2-Emissionen oder eine höhere Bio-Diversität zu erreichen.

Die Zwiebeln schälen, halbieren und im Blitzhacker oder auf der Gemüsereibe fein raspeln. Eine Pfanne erhitzen, die Butter zerlassen und die Zwiebeln darin etwa 30 Minuten dünsten, dabei ab und zu wenden. Salzen, mit Wein ablöschen und weiterdünsten. Nach und nach 200 ml Wasser dazugeben und noch etwa 10 Minuten einkochen lassen. Das Confit mit Senf, Preiselbeeren und Koriander abschmecken. In einem sterilen Glas kühl aufbewahren, so hält es sich etwa 1 Monat.

Für 1 Glas (ca. 250 g)

300 g gemischte Zwiebeln
(z. B. Schalotte, rote Zwiebel, Gemüsezwiebel etc.)
1 TL vegane Butter
½ TL Salz
1 Schuss trockener Weißwein
1 EL Dijon-Senf
1 TL Preiselbeeren (aus dem Glas)
½ TL gemahlener Koriander

Zeitaufwand

Zubereitung: 10 Minuten | Garen: 40 Minuten

Meal Prep

▶ Als Topping oder Brotbelag verwenden oder zu Salaten reichen.

▶ 2 EL für den Blattsalat (siehe Seite 38)

▶ 2 EL für die Mairüben-Rösti (siehe Seite 70)

▶ 2 Gläser für Zwiebelsuppe (siehe Seite 144)

▶ 3 EL für die Zwiebel-Tarte (siehe Seite 150)

KARAMELLISIERTER KNOBLAUCH

Da kalt gepresste Öle einen niedrigen Rauchpunkt haben und damit für kalte Gerichte ohne Erhitzen empfohlen sind, haben wir uns bewusst für Kokosöl als Alternative entschieden – es ist besonders hitzestabil. Die Hauptfettsäure des Kokosöls ist die Laurinsäure, sie prägt das Verhalten des Öls in unserem Stoffwechsel. Studien haben gezeigt, dass der Großteil der aufgenommenen Laurinsäure direkt zur Leber transportiert und dort in Energie umgewandelt wird, anstatt als Fett gespeichert zu werden.

Erst die Knoblauchknollen auseinanderbrechen und in die einzelnen Zehen teilen. Dann die Knoblauchzehen schälen und halbieren. Das Kokosöl in einem kleinen Topf zerlassen und die Knoblauchzehen darin bei sehr schwacher Hitze etwa 25 Minuten garen, bis sie goldbraun karamellisiert sind. Den Knoblauch-Öl-Mix mit Salz abschmecken und in einem sauberen Glas kühl aufbewahren.

Für 1 Glas (ca. 250 g)

2 Knollen Knoblauch
200 g natives Kokosöl
Salz

Zeitaufwand

Zubereitung: 15 Minuten | Garen: 25 Minuten

Meal Prep

▶ Eignet sich zum Verfeinern von herzhaften Gerichten, verleiht ihnen ohne unangenehme Schärfe eine süße Note.

▶ 1 EL für die Kräuterbrote (siehe Seite 64)

▶ 2 Zehen für das Möhren-Babaganoush (siehe Seite 92)

▶ 2–3 Zehen für das Pesto aus Möhrengrün (siehe Seite 96)

▶ 1 TL für die Pizza (siehe Seite 116)

▶ 1 TL für die Brokkomole (siehe Seite 122)

PICKLES VON ROTER ZWIEBEL UND MUSKATKÜRBIS

Für je 1 Glas (2 l bzw. ½ l Inhalt)

Für die Kürbis-Pickles (2 l)

1 kg Muskatkürbis
2 Streifen unbehandelte
Bio-Zitronenschale
10 Gewürznelken
1 Zimtstange
30 g Bio-Ingwer (mit Schale,
in Scheiben)
30 weiße Pfefferkörner
1 TL Salz

Für die Zwiebel-Pickles (½ l)

250 g rote Zwiebeln
1 Streifen unbehandelte
Bio-Zitronenschale
4 Gewürznelken
1 Zimtstange
10 g Bio-Ingwer (mit Schale,
in Scheiben)
10 weiße Pfefferkörner
½ TL Salz

Für den Sud

½ l heller Reisessig
150 g brauner Zucker

Zeitaufwand

Zubereitung: 20 Minuten
Ziehen: 7 Tage

Du musst einen großen Kürbis verarbeiten oder hattest eine reichliche Zwiebelernte? Mit diesem Rezept kannst du beides würzig einlegen und hast immer eine spicy Beilage zum Essen.

1. Für die Kürbis-Pickles den Kürbis vierteln, schälen und die Kerne mit einem Löffel entfernen. Das Kürbisfleisch in feine Scheiben schneiden oder auf der Gemüsereibe in dünne Scheiben hobeln. Mit den übrigen Zutaten in ein sterilisiertes Glas schichten.

2. Für die Zwiebel-Pickles die Zwiebeln schälen und in dünne Scheiben schneiden. Mit den übrigen Zutaten in ein sterilisiertes Glas schichten.

3. Für den Sud in einem Topf ½ l Wasser mit dem Reisessig kurz aufkochen. Den Zucker hinzufügen und darin unter Rühren auflösen. Zwei Drittel des Suds über den Kürbis, den Rest über die Zwiebeln gießen. Die Gläser verschließen und im Kühlschrank mindestens 7 Tage durchziehen lassen. Anschließend die Pickles servieren, sie halten sich im Kühlschrank etwa 2 Monate.

Meal Prep

▶ Die Pickles eignen sich als Beilage für Salate, Vorspeisen wie Hauptgerichte. Super auch als Snack für zwischendurch.

▶ 3 EL Kürbis-Pickles für das Dinkel-Risotto (siehe Seite 50)

▶ 4 EL Rote-Zwiebel-Pickles für die Weißkohl-Quiche (siehe Seite 52)

▶ 2 EL Rote-Zwiebel- und 3 EL Kürbis-Pickles für den Ofenselleriesalat (siehe Seite 68)

HONIG-SENF-DRESSING

Olivenöl ist eine meiner großen Passionen. Es ist gesund, hat eine enorme sensorische Bandbreite und lässt sich in der Küche vielfältig einsetzen. Verwende das kalt gepresste native Olivenöl extra als eine Art Gewürz in der kalten wie warmen, nicht aber in der heißen Küche. Dann ist die wohltuende Wirkung der gesunden Inhaltsstoffe nicht gefährdet. Zum Braten und Erhitzen bei hohen Temperaturen empfehle ich dir natives oder raffiniertes Olivenöl.

Essig, Öl, Honig und Senf in den Blitzhacker oder in einen hohen Rührbecher geben und mit Salz und Pfeffer würzen. Alles mit dem Stabmixer etwa 2 Sekunden aufmixen. Das Dressing in ein sauberes Glas füllen und sofort verwenden. Den Rest kühl aufbewahren – so hält es etwa 5 Tage.

Meal Prep

 Das Dressing passt zu allen Blatt- und Gemüsesalaten sowie Salaten aus Rohkoststreifen. Du kannst es pur verwenden oder nach Belieben geschmacklich verändern: dazu beispielsweise noch einige frische Kräuter oder ein Stück Rote Bete untermixen.

Für 1 Glas (ca. 150 g)

40 ml Apfelessig
100 ml Olivenöl
2 TL flüssiger Honig
2 TL grober Bauernsenf
1 TL Salz
2 Prisen Pfeffer aus der Mühle

Zeitaufwand

Zubereitung: 5 Minuten

SESAM-CASHEW-MIX

Nüsse sind toll für deine Gesundheit. In Sachen Nachhaltigkeit ist es hilfreich, darauf zu achten, woher die Nüsse kommen oder sie selbst zu sammeln. Unter www.mundraub.org findest du frei zugängliche Nussbäume in deiner Nähe. Bei Cashewkernen auf das Fairtrade-Siegel achten, nur fair gehandelte Nüsse sind gute Cashews.

Den Backofen auf 130 °C (Umluft) vorheizen. Ein Backblech mit einer Silikonbackmatte belegen. Das Kokosöl in einer Pfanne zerlassen und mit den Cashewkernen und dem Honig gründlich mischen, sodass die Nüsse rundum überzogen sind. Sesam, Gewürze und Salz darüberstreuen und alles gut mischen. Den Sesam-Cashew-Mix auf dem Blech verteilen und im Ofen auf der mittleren Schiene etwa 30 Minuten hell rösten. Herausnehmen und abkühlen lassen.

Meal Prep

▶ Der Mix schmeckt als Snack zwischendurch und eignet sich prima als Salat-Topping.

▶ 2 EL für den gerösteten Wirsing mit Miso-Ingwer-Dressing (siehe 78)

Für 4 Personen

10 g natives Kokosöl
250 g Cashewkerne
10 g flüssiger Honig
20 g helle Sesamsamen
1 g Madras-Currypulver
1 g gemahlene Kurkuma
½ g gemahlener Koriander
3 g Salz

Zeitaufwand

Zubereitung: 5 Minuten | Garen: 30 Minuten

SPICY KÜRBISKERNE

Ab dem Spätsommer bis weit in den Dezember hinein gibt es regional angebaute Hokkaido-kürbisse. Der Vielseiter mit der essbaren Schale schmeckt leicht nussig-süßlich. Wenn du die Kürbiskerne noch weiterverwendest, kannst du sie zum Säubern auch in einer Schüssel über Nacht in Salzwasser einweichen, so lösen sich alle Faser-rückstände zuverlässig.

Den Backofen auf 150 °C (Umluft) vorheizen. Ein Backblech mit einer Silikonbackmatte belegen. Die ausgelösten Kürbiskerne so weit wie möglich vom Fruchtfleisch befreien und mit Öl, Currypulver und Salzflocken gründlich mischen. Die Kerne auf dem Blech gleichmäßig verteilen und im Ofen auf der mittleren Schiene 35 bis 40 Minuten goldbraun backen. Herausnehmen und auf Küchenpapier abkühlen lassen. Anschließend luftdicht, kühl und dunkel lagern – so halten sie sich 4 bis 8 Wochen.

Für ca. 150 g (je nach Kürbisgröße)

Kerne von 1 kleinem Hokkaidokürbis
(auch Kerne aus anderen Kürbissorten)
1½ EL Rapsöl
½ TL Madras-Currypulver
½ TL Salzflocken

Zeitaufwand

Zubereitung: 10 Minuten | Backen: 40 Minuten

Meal Prep

▶ Als Topping für Salate verwenden oder einfach mal zwischendurch snacken.

▶ 2 EL über den Ofenselleriesalat mit knusprigen Kartoffeln streuen (siehe Seite 68).

GEKOCHTER DINKEL

Das Urgetreide Dinkel ist weniger schadstoff-belastet als sein Verwandter, der Weizen. Viele schwören auch auf sein Aroma. Zudem schont der Dinkelanbau das Klima, denn anders als die meisten Getreidesorten benötigen Landwirte dabei keine Pestizide. Bei der harten Schale der Getreidekörner haben Schädlinge keine Chance. Außerdem wächst das Getreide auch an Problemstandorten und verträgt Niederschläge ebenfalls besser. Dinkel enthält nicht so viel Gluten wie Weizen, daher eignet sich sein Mehl besser als volles Getreide wie Reis für Gebäck mit softerer Konsistenz (z. B. für ein Hotdog-Brötchen).

Am Vorabend den Dinkel in einer Schüssel mit kaltem Wasser bedeckt etwa 12 Stunden, am besten über Nacht, einweichen. Am nächsten Tag in ein Sieb abgießen und kalt abbrausen. In einem Topf reichlich Wasser aufkochen, das Salz dazugeben und den Dinkel darin mit geschlossenem Deckel bei schwacher Hitze etwa 40 Minuten bissfest garen. In ein Sieb abgießen und abtropfen lassen.

Für 5–6 Personen (ca. 700 g)

350 g Dinkel
1 TL Salz

Zeitaufwand

Zubereitung: 5 Minuten | Einweichen: 12 Stunden (über Nacht) | Garen: 40 Minuten

> **Meal Prep**
> ▶ Der Dinkel passt als Beilage zu Haupt-gerichten wie Grünkohl oder als Dinkelsalat mit leichtem Sauerrahmdressing. Auch für Porridge oder Risotto ist er hervorragend.

FLAX EGG

Eier können Flüssigkeiten binden, dienen als Back-triebmittel, zum Lockern und als Geschmacksver-stärker. Du kannst sie aber gut durch Leinsamen ersetzen – oder durch andere Veggie-Produkte: Beliebt sind Seidentofu, aber auch Haferflocken oder Tomatenmark als Bindemittel, Kartoffelstärke als Verdickungsmittel oder Kichererbsenmehl für Ei-freies Backen oder für Omeletts. Aus dem Einweichwasser von Kichererbsen – dem soge-nannten Aquafaba – kannst du fluffigen Eischnee herstellen, toll für die Farbe ist Kurkuma.

Den Leinsamenschrot in einer Schüssel mit 2 EL kochend heißem Wasser verrühren und etwa 5 Minuten quellen lassen. Sofort unter die übrige Masse mischen, in der er ein Ei ersetzen soll.

Anstelle von 1 Ei (Größe M)

1 EL geschroteter Leinsamen oder Goldleinsamen
2 EL kochendes Wasser

Zeitaufwand

Zubereitung: 5 Minuten

> **Meal Prep**
> ▶ Das Flax Egg ist der ideale Ersatz für Eier in Plant-based-Gebäck aller Art und dient dabei als hervorragendes Bindemittel.
>
> ▶ 1 Flax Egg für den Porridge (siehe Seite 98)
>
> ▶ 2 Flax Eggs für den Plant-based Möhren-kuchen (siehe Seite 100).
>
> ▶ 1 Flax Egg für die herzhaften Kürbiswaffeln (siehe Seite 134)

DINKEL-MANDEL-KEKSE
MIT SCHOKOGUSS

Für 8 Stück

150 g Dinkelflocken
30 g gemahlene Mandeln
40 g Kokosblütensirup
75 g weiches natives Kokosöl
Salz
gemahlene Vanille
80 g vegane Schokolade

Zeitaufwand

Zubereitung: 20 Minuten
Backen: 15 Minuten

Rund zwei Drittel der für Schokolade benötigten Kakaobohnen stammen aus Westafrika und werden von Kleinbauern angebaut. Wenn du deine Schokolade nachhaltig genießen möchtest, achte auf das Fairtrade-Label und auf Bio-Qualität ohne Palmöl. Tipp: Vegane Schokolade kannst du auch ganz einfach selbst machen, Rezepte dazu gibt es im Internet.

1. Den Backofen auf 170°C (Umluft) vorheizen. Ein Backblech mit einer Silikonbackmatte belegen.

2. Von den Dinkelflocken erst 100 g in der Küchenmaschine nur grob zerkleinern, die restlichen 50 g fein mahlen. Dann die Mandeln dazugeben, Kokosblütensirup und 70 g Kokosöl hinzufügen und unterrühren. Mit jeweils 1 Prise Salz und Vanille verfeinern.

3. Die Masse in 8 Portionen teilen, jede Portion mit angefeuchteten Händen zu einem festen Keks pressen und nebeneinander auf das Blech legen. Anschließend mit einem Löffelrücken kreisrund formen und im Ofen auf der mittleren Schiene 12 bis 15 Minuten goldbraun backen. Herausnehmen und auf einem Kuchengitter abkühlen lassen.

4. Die Schokolade grob hacken und mit dem übrigen Kokosöl in einer Metallschüssel über dem heißen Wasserbad unter Rühren schmelzen. Die abgekühlten Kekse damit mit einem Löffel überziehen und nach Belieben mit goldenen Leinsamen garnieren.

HIER UND JETZT – SAISONKALENDER FÜR OBST UND GEMÜSE

Wir sind in der glücklichen Lage, dass wir uns mit den Pflanzen, die auf den Äckern um uns herum wachsen, das ganze Jahr über nicht nur gesund ernähren können, sondern auch so, dass es richtig gut wird. Am besten und aromatischsten schmeckt Gemüse – genauso wie Obst –, wenn es vollständig ausreifen durfte. Das ist bei importierter Ware oft wegen der langen Transportzeiten nicht möglich.

OBST

	Jan.	Feb.	März	April	Mai	Juni	Juli	Aug.	Sept.	Okt.	Nov.	Dez.
Äpfel	📦	📦	📦	📦	📦			☀️	☀️	☀️	📦	📦
Aprikosen							☀️	☀️				
Birnen	📦							☀️	☀️	📦	📦	📦
Brombeeren								☀️	☀️	☀️		
Erdbeeren					🌱	☀️	☀️	☀️	☀️	🌱		
Heidelbeeren							☀️					
Himbeeren						🌱	☀️	☀️				
Johannisbeeren						☀️	☀️	☀️				
Kirschen, sauer							☀️	☀️				
Kirschen, süß						🌱/☀️	☀️	☀️				
Mirabellen							☀️	☀️				
Pfirsiche							☀️	☀️				
Pflaumen								☀️	☀️			
Quitten										☀️	☀️	
Stachelbeeren							☀️	☀️	☀️			
Tafeltrauben								☀️	☀️	☀️		

GEMÜSE

	Jan.	Feb.	März	April	Mai	Juni	Juli	Aug.	Sept.	Okt.	Nov.	Dez.
Blumenkohl				🌱	☀	☀	☀	☀	☀	☀	☀	
Bohnen							☀	☀	☀	☀		
Brokkoli					☀	☀	☀	☀	☀	☀	☀	
Chicorée	📦	📦	📦	📦	📦	📦	📦	📦	📦	📦	📦	📦
Chinakohl	📦	📦	📦	📦	🌱	☀	☀	☀	☀	☀	☀	📦
Erbsen						☀	☀	☀	☀	☀		
Grünkohl	☀	📦								☀	☀	☀
Gurken: Salat-, Minigurken		🏠	🏠	🏠	🏠	🏠	🏠	🏠	🏠	🏠		
Gurken: Einlege-, Schälgurken						☀	☀	☀	☀			
Kartoffeln	📦	📦	📦	📦	📦	📦/☀	📦/☀	📦/☀	📦/☀	📦/☀	📦/☀	📦
Knollenfenchel						☀	☀	☀	☀	☀		
Kohlrabi					🌱/☀	☀	☀	☀	☀		🏠	
Kürbis	📦	📦	📦					☀	☀	☀	☀	📦
Möhren	📦	📦	📦	📦	📦	📦/☀	☀	☀	☀	☀	📦	📦
Pastinaken	📦	📦	📦	📦					☀	☀	☀	📦
Porree/Lauch	📦/☀	📦/☀	📦/☀	☀	☀	☀	☀	☀	☀	☀	☀	☀
Radieschen				🌱	☀	☀	☀	☀	☀	☀	☀	
Rettich	📦	📦	📦	📦	📦/☀	☀	☀	☀	☀	☀		📦
Rhabarber			🌱	☀	☀	☀	☀					
Rosenkohl	📦/☀	📦/☀	📦							☀	☀	☀
Rote Bete	📦	📦	📦	📦	📦	☀	☀	☀	☀	☀	☀	📦

GEMÜSE

	Jan.	Feb.	März	April	Mai	Juni	Juli	Aug.	Sept.	Okt.	Nov.	Dez.
Rotkohl	🟨	🟨	🟨	🟨	🟨	🟨/🟦	🟩	🟩	🟩	🟩	🟩	🟨
Schwarzwurzel	🟨	🟨	🟨						🟩	🟩	🟩	🟨
Sellerie: Knollensellerie	🟨	🟨	🟨	🟨	🟨	🟨	🟩	🟩	🟩	🟩	🟩	🟨
Sellerie: Staudensellerie					🟩	🟩	🟩	🟩	🟩	🟩	🟩	
Spargel				🟩/🟦	🟩	🟩						
Spinat				🟩	🟩	🟩	🟩	🟩	🟩	🟩	🟩	
Spitzkohl	🟨	🟨			🟦	🟩	🟩	🟩	🟩	🟩		🟨
Steckrüben (Kohlrüben)	🟨	🟨	🟨						🟩	🟩	🟩	🟨
Tomaten: geschützter Anbau						🟦	🟦	🟦	🟦			
Tomaten: Gewächshaus			🟥	🟥	🟥/🟨	🟥/🟨	🟥/🟩	🟥/🟩	🟥/🟩	🟥/🟩	🟥	
Weißkohl	🟨	🟨	🟨	🟨	🟨/🟦	🟨/🟦	🟩	🟩	🟩	🟩	🟩	🟨
Wirsingkohl	🟨	🟨	🟨	🟨	🟨	🟦	🟩	🟩	🟩	🟩	🟩	🟨
Zucchini						🟦	🟩	🟩	🟩	🟩		
Zuckermais								🟩	🟩	🟩		
Zwiebeln	🟨	🟨	🟨	🟨	🟨	🟨/🟦	🟩	🟩	🟩	🟩	🟨	🟨
Zwiebeln: Bund-, Lauch-, Frühlings-				🟩/🟦	🟩	🟩	🟩	🟩	🟩	🟩	🟩	

SALATE

	Jan.	Feb.	März	April	Mai	Juni	Juli	Aug.	Sept.	Okt.	Nov.	Dez.
Eisbergsalat					Freiland/Geschützt	Freiland	Freiland	Freiland	Freiland	Freiland		
Endiviensalat					Freiland/Geschützt	Freiland	Freiland	Freiland	Freiland	Freiland	Freiland	
Feldsalat	Geschützt	Geschützt	Geschützt	Geschützt	Freiland	Freiland	Freiland	Freiland	Freiland	Freiland	Freiland/Geschützt	Geschützt
Kopfsalat, Bunte Salate			Gewächshaus	Gewächshaus/Geschützt	Freiland/Geschützt	Freiland	Freiland	Freiland	Freiland	Freiland	Gewächshaus	
Radicchio						Freiland	Freiland	Freiland	Freiland	Freiland		
Romanasalate					Freiland/Geschützt	Freiland	Freiland	Freiland	Freiland	Freiland		
Rucola (Rauke)				Geschützt	Freiland	Freiland	Freiland	Freiland	Freiland	Freiland	Freiland	

LEGENDE

Sehr geringe Klimabelastung: Freilandprodukte

Geringe bis mittlere Klimabelastung:
- „Geschützter Anbau" (Abdeckung mit Folie oder Vlies, ungeheizt)
- Lagerware
- Produkte aus ungeheizten oder schwach geheizten Gewächshäusern

Hohe Klimabelastung: Produkte aus geheizten Gewächshäusern

Es können auch Kombinationen möglich sein.

Quelle: www.verbraucherzentrale.de

ZUM WEITERLESEN

Studie des ifeu-Instituts

In der Studie des ifeu (Institut für Energie- und Umweltforschung Heidelberg) wurden 200 unterschiedliche Lebensmittel auf ihren CO_2-Fußabdruck hin untersucht:
Guido Reinhardt, Sven Gärtner, Tobias Wagner: Ökologische Fußabdrücke von Lebensmitteln und Gerichten in Deutschland. Heidelberg, 2020
www.ifeu.de

Klimapositive Landwirtschaft

Franz-Theo Gottwald, Jan Plagge, Franz Josef Radermacher: Klimapositive Landwirtschaft. Mehr Wohlstand durch naturbasierte Lösungen. Baden-Baden, 2021

Urban Farming trifft Aquaponik

ECF-Farmsystems:
Deutscher Nachhaltigkeitspreis 2021:

Berlin: Buntbarsch und Basilikum;
Bad Ragaz: Forelle, Salate und Kräuter;
Brüssel: Streifenbarsch, Salate und Kräuter

www.bundesregierung.de/breg-de/aktuelles/urban-farming-aquaponik-1958052

Weltagrarbericht

Weltagrarbericht 6.6.2018. Studie: Pflanzliche Produkte belasten die Umwelt am geringsten.
www.weltagrarbericht.de

APPS UND WEBSITES

Planeatary App

Die kostenlose App von Torben Ratzlaff und Eva Wolf basiert auf der Planetary Health Diet und hilft dir, gesund und nachhaltig zu essen.

Gemüsekisten

Such dir am besten einen regionalen Anbieter, zum Beispiel über eine dieser Adressen:
www.etepetete-bio.de
www.bringmirbio.de
www.oekokiste.de

Codecheck

Die mobile App zur Shoppingberatung zeigt dir Informationen zu Inhaltsstoffen und Nährwerten von vielen im Handel erhältlichen Lebensmitteln:
www.codecheck.info

Cooldownearth Foundation

Gemeinsam handeln, Klima wandeln:
https://cooldown.earth/de

CO_2-Rechner des Umweltbundesamtes:
https://uba.co2-rechner.de/de_DE/

Fußabdruck-Rechner

Das österreichische Bundesministerium für Klimaschutz, Umwelt, Energie, Mobilität, Innovation und Technologie stellt vor:
Mithilfe dieses Rechners findest du deinen ökologischen Fußabdruck heraus – also, wie stark deine Lebensgewohnheiten das Ökosystem und die natürlichen Ressourcen der Erde beanspruchen. Außerdem erfährst du, wie du deinen Fußabdruck aktiv verringern kannst.
https://www.mein-fussabdruck.at/

Mundraub

Internetplattform, auf der du frei zugängliche Fundstellen für Nüsse, Obst- und Fruchtgewächse findest. Die Website möchte auch auf vergessene Bestandteile der Kulturlandschaft hinweisen und sie schützen.
www.mundraub.org

NABU Siegel-Check

Hier kannst du sehen, welche Logos umweltfreundliche Lebensmittel kennzeichnen. Mit kurzen Infos und Bewertungen zu den Siegeln.
https://siegelcheck.nabu.de/

RegioApp

Mithilfe der RegioApp kannst du jederzeit, überall, ganz bequem eine Umkreissuche nach regionalen Lebensmitteln und regionalem Essen generell starten. Angezeigt werden Direktvermarkter und Gastronomie, aber auch Verkaufsstellen wie Dorfläden, Lebensmitteleinzelhändler mit regionalen Produkten, Wochenmärkte und viele mehr.
Wer möchte, kann bei seiner Suche gezielt nach kleinen Läden suchen.
www.regioapp.org

Too good to go

Die App hilft, die Lebensmittelverschwendung in der Gastronomie zu reduzieren. Restaurants, Cafés und Imbisse stellen ihre überschüssigen Speisen kurz vor Ladenschluss in das Portal ein, der Kunde kann sie anschließend reservieren.
www.toogoodtogo.de

Unverpackt e. V.

Berufsverband der Unverpacktläden in Deutschland und der EU:
www.unverpackt-verband.de

Zu gut für die Tonne

Die Website zur bundesweiten Strategie zur Reduzierung der Lebensmittelverschwendung des Bundesministeriums für Ernährung und Landwirtschaft:
www.zugutfuerdietonne.de

1000 Gärten

Das „blühende Sojaexperiment" ist ein Gemeinschaftsprojekt der Taifun-Tofu GmbH und der Universität Hohenheim. Mitmachen kann jeder, der mindestens 5 m² Garten für den Testanbau von Sojakreuzungen zur Verfügung stellt.
www.1000gaerten.de/startseite/

DANKE

Liebe Stefanie Wiehler-Streise, du bist eine der begabtesten Köchinnen, die ich je getroffen habe. Vom ersten Tag unseres Kennenlernens vor einigen Jahren waren wir auf einer Wellenlinie. Deine Aufnahmefähigkeit ist enorm und du schaffst es immer wieder, meine Gedanken und Bilder in meinem Kopf in Form von Speisen auf den Teller zu transferieren. Ohne dich und dein Talent hätte dies Buch nicht in der kurzen Zeit entstehen können. Ich bin unendlich dankbar für deine Unterstützung!

Liebe Laura, danke einfach dafür, dass du so gut bist, wie du bist. Du bist unglaublich!

Liebe Anna und Stephanie, ich danke euch für euer Händchen mit mir. Ihr seid unglaublich!

Außerdem danke ich allen Mitwirkenden aus dem Verlag herzlichst.

SACHREGISTER

REZEPTREGISTER

DER AUTOR

Holger Stromberg wuchs im elterlichen Gasthaus im nordrhein-westfälischen Waltrop auf. Die Kunst des Kochens und das leidenschaftliche Interesse an Lebensmitteln haben ihm Vater und Mutter quasi in die Wiege gelegt. Nach seinen Lehrjahren in der Sterne-Gastronomie erarbeitete er sich als jüngster Koch Deutschlands mit 23 Jahren den Michelin-Stern. Als Präsident der Köchevereinigung „Junge Wilde e. V." revolutionierte er die avantgardistische Foodszene in Deutschland. Ab 2003 ging er mit seinen europaweit agierenden Gastro- und Consulting-Unternehmen f.e.b. GmbH und STROMBERG* Consulting GmbH eigene Wege. Zehn Jahre lang (bis 2017) begleitete er im DFB-Betreuerstab als Ernährungscoach und Koch die deutsche Fußball-nationalmannschaft. 2021 stieg er als Co-Founder bei der Organic Garden AG ein.

Wer dieses Buch gelesen hat, ...

... kennt sich noch besser mit Lebensmitteln aus und versteht, wie Ernährung und Planetengesundheit zusammenhängen.

... besitzt die Kernkompetenz, um richtig gut und zugleich klimafreundlich zu kochen und natürlich auch Food Waste zu vermeiden.

... ist in der Lage, wirklich mitzureden, wenn es darum geht, was jede/r von uns für ein gesünderes Klima tun kann und wie er oder sie jeden Tag seinen/ihren ökologischen Fußabdruck beim Essen ein Stück kleiner halten kann.

... kann zum echten Mitgestalter und zur Mitgestalterin für eine bessere Zukunft werden.

ZUM AUTOR

Holger Stromberg gehört zu den bekanntesten deutschen Sterneköchen und Food-Aktivisten. Doch er überzeugt nicht nur als Kreativer am Herd. Der frühere Ernährungscoach der deutschen Fußballnationalmannschaft ist heute Teilhaber eines Foodtech-Startups. Als erfolgreicher Autor mit seiner Mission des „Umbegeisterns" in Sachen Essen engagiert sich Stromberg auch aktiv für den Schutz unseres Klimas und möchte noch mehr Menschen von einer planetengesunden Ernährungsweise überzeugen. Mit seinen Rezepten und Tipps zeigt der Bestseller-Autor, wie jeder von uns seinen CO_2-Fußabdruck in der Küche jeden Tag so klein wie möglich halten kann.

Weitere Bücher des Autors:

→ Stark gegen Schmerzen
  (mit Dr. Helge Riepenhof)
→ Gemeinsam gegen Osteoporose
  (mit Dr. Helge Riepenhof)

IMPRESSUM

Hinter jedem tollen Buch steckt ein starkes Team

Projektleitung: *Kathrin Ullerich*
Texte: *Anna Cavelius*
Redaktionelle Mitarbeit: *Stefanie Wiehler-Streise*
Lektorat: *Kathrin Gritschneder*
Covergestaltung: *ZERO Werbeagentur, München*
Grafische Gestaltung und Satz:
ZERO Werbeagentur, München, Georg Feigl
Fotografie: *Coco Lang*
Foodstyling: *Sven Dittmer*
Coverfoto: *Mike Meyer*
Illustrationen: *Shutterstock*
Herstellung: *Frank Jansen*
Producing: *Jan Russok*
Druck & Bindung: *optimal media GmbH, Röbel*

Alle Rechte vorbehalten. All rights reserved.
Das Werk darf — auch teilweise — nur mit Genehmigung des Verlags wiedergegeben werden.

1. Auflage 2022
© 2022 Edel Verlagsgruppe GmbH
Kaiserstraße 14 b
D–80801 München
ISBN: 978-3-96584-183-3

FOOD FOTOS

Im Buch enthaltene Fotos können zur eigenen Nutzung erworben werden unter *www.stockfood.de*

LIEBE LESER*INNEN

wie schön, dass Sie ein Buch von ZS in den Händen halten. „jetzt leben!" ist das Motto unseres Verlages. Es steht für Genuss und Inspiration, Unterstützung und Motivation. Ob Kulinarik oder Fitness, Gesundheit oder Lebenshilfe — seit über 30 Jahren bieten wir kompetente Ratgeber für (fast) alle Lebenslagen. Wir lieben Tradition genauso wie Innovation — sie treiben uns an. Unsere Autor*innen sind Menschen, die zu ihrem Thema wirklich etwas zu sagen und zu schreiben haben. Unsere Produkte sind erzählerisch, appetitmachend und als gedruckte Bücher haptisch echte Erlebnisse. Für Sie mit ganz viel Liebe gemacht! Entdecken Sie mehr aus unserer wunderbaren Welt!

UNSER VERLAGSHAUS

Mit Standorten in München, Hamburg und Berlin zählt die Edel Verlagsgruppe zu den größten unabhängigen Buchanbietern Deutschlands. Zur Edel Verlagsgruppe gehört unter anderem ZS mit seinen Lizenzmarken Dr. Oetker Verlag, Kochen & Genießen und Phaidon by ZS.

ZS – Ein Verlag der Edel Verlagsgruppe
www.zsverlag.de
www.facebook.com/zsverlag
www.instagram.com/zsverlag

FÜR DIE UMWELT

ZS unterstützt bei der Produktion dieses Buches das Projekt „Junge Riesen für die nächsten 100 Jahre" im Naturpark Nossentiner/Schwinzer Heide. Damit wird ein Anteil der unvermeidbaren CO_2-Emissionen im direkten Umfeld des Produktionsstandortes kompensiert.

PARTNER
Naturpark
Nossentiner / Schwinzer Heide
www.optimal-media.com/naturschutzprojekt-001

NEWSLETTER

Was koche ich denn heute Feines? Und wie geht das nochmal — schmackhaft und gleichzeitig gesund?

Mit dem ZS Newsletter keine kulinarischen und gesundheitlichen Trends mehr verpassen und immer auf dem neuesten Stand bleiben. Wir informieren regelmäßig über unsere Neuerscheinungen, Aktionen oder Gewinnspiele und verraten unsere Lieblingsrezepte!

Jetzt anmelden unter:
ANMELDEN!
www.zsverlag.de/newsletter

GEWINNEN
Unter allen Neuabonnierenden verlosen wir jeden Monat *eine Gesundheits-* oder *Koch-Box* von ZS.

Schmerz lass nach!

**Dr. med. Helge Riepenhof
und Holger Stromberg
Stark gegen Schmerzen**

24,99 € [D]
ISBN 978-3-96584-094-2

Gleich weiterlesen!

Jetzt auf betterbooks.de
und überall,
wo es gute Bücher gibt.

Schluss mit der langen Rezeptsuche!

Das lange Durchsuchen der eigenen Kochbücher hat endlich ein Ende —
die Rezept Scout-App verrät
ganz schnell und einfach, welches Rezept wo zu finden ist.

MARKIEREN

Eine eigene Bibliothek erstellen —
Kochbücher suchen und abspeichern

FINDEN

Einfach Suchbegriff eingeben — und auf einen Blick
entdecken, aus welchem Kochbuch die Rezepte sind

MERKEN

Lieblingsrezepte in der Merkliste speichern —
und noch schneller finden

Mit **allen aktuellen ZS-Büchern** und
vielen anderen beliebten Kochbüchern.